essentials

Essentials liefern aktuelles Wissen in konzentrierter Form. Die Essenz dessen, worauf es als „State-of-the-Art" in der gegenwärtigen Fachdiskussion oder in der Praxis ankommt. *Essentials* informieren schnell, unkompliziert und verständlich

- als Einführung in ein aktuelles Thema aus Ihrem Fachgebiet
- als Einstieg in ein für Sie noch unbekanntes Themenfeld
- als Einblick, um zum Thema mitreden zu können

Die Bücher in elektronischer und gedruckter Form bringen das Fachwissen von Springerautor*innen kompakt zur Darstellung. Sie sind besonders für die Nutzung als eBook auf Tablet-PCs, eBook-Readern und Smartphones geeignet. *Essentials* sind Wissensbausteine aus den Wirtschafts-, Sozial- und Geisteswissenschaften, aus Technik und Naturwissenschaften sowie aus Medizin, Psychologie und Gesundheitsberufen. Von renommierten Autor*innen aller Springer-Verlagsmarken.

Daniel Caroppo

Die Empörungsfalle – Kommunikation in Zeiten von Cancel Culture

Warum öffentliche Debatten kippen und was das für Organisationen bedeutet

Springer Gabler

Daniel Caroppo
Birkenfeld, Deutschland

ISSN 2197-6708 ISSN 2197-6716 (electronic)
essentials
ISBN 978-3-658-51962-9 ISBN 978-3-658-51963-6 (eBook)
https://doi.org/10.1007/978-3-658-51963-6

Die Deutsche Nationalbibliothek verzeichnet diese Publikation in der Deutschen Nationalbibliografie; detaillierte bibliografische Daten sind im Internet über https://portal.dnb.de abrufbar.

Springer Gabler ist ein Imprint der eingetragenen Gesellschaft Springer Fachmedien Wiesbaden GmbH und ist ein Teil von Springer Nature.
Die Anschrift der Gesellschaft ist: Abraham-Lincoln-Str. 46, 65189 Wiesbaden, Germany

Was Sie in diesem *essential* finden können

- **Eine Einordnung der Dynamik von Cancel Culture**
  Wie Empörung entsteht, warum sie kippt und weshalb sie sich oft schneller verbreitet als gesicherte Informationen. Mit Blick auf Plattformlogiken, Hashtag-Effekte und psychologische Muster zwischen Moral, Zugehörigkeit und Angst.
- **Analyse typischer Eskalationsmechanismen und Reaktionsfehler**
  Welche kommunikativen Muster Krisen verschärfen, warum Schutzsprache häufig kontraproduktiv wirkt und welche Alternativen Verantwortung zeigen, ohne neue Angriffsflächen zu eröffnen.
- **Orientierung für akute Situationen**
  Was in den ersten Minuten und Stunden entscheidend ist. Präsenz ohne Spekulation. Tempo ohne Aktionismus. Klarheit ohne Rechtfertigungsdruck. Einschließlich der Frage, wann Erklären sinnvoll ist, wann Zuhören trägt und wann Zurückhaltung notwendig wird.
- **Grenzen und Zukunft der Kommunikation**
  Wann Schweigen wirksamer ist als jedes Statement, warum kommunikative Übersteuerung selbst zum Risiko werden kann und wie sich Cancel Culture im Zeitalter von KI verändert.

Geleitwort von Nicole Diekmann[1]

Das Ansehen der sozialen Netzwerke hat in den vergangenen Jahren massiv gelitten. Einst waren Facebook, Twitter, heute X, und andere angetreten, um Kommunikation zu demokratisieren: Jeder und jede sollte von nun an für jede und jeden erreichbar sein können.

Die sozialen Netzwerke galten in ihren Anfangsjahren als Erfüllung einer verheißungsvollen Idee: Jeder und jede kann kommunizieren - und zwar mit Rückkanal. Zuvor schier unerreichbare Adressaten wurden plötzlich nahbar. Kritik, Wünsche, Anregungen - all das versandete nicht mehr im Orbit, sondern konnte per suggerierter Echtzeit und mit berechtigter Erwartung einer Reaktion rausgeschickt werden.

All das stimmt. Aber all das hat auch eine Kehrseite. Denn all das hat unsere Kommunikation nicht auf ein neues, höheres Level gehoben. Sondern das Gegenteil ist eingetreten. Unsere Kommunikation krankt. Der Ton ist verroht, die Hemmschwellen sind gesunken, und die Bereitschaft, sich noch in den Diskurs einzulassen, ist bei vielen mittlerweile gefährlich nah am Nullpunkt angelangt.

Denn an Profit maximal und an gesellschaftlicher Verantwortung minimal interessierte Plattformbetreiber haben die Algorithmen darauf designt, dass die Lautesten, Unerbittlichsten und Plakativsten den Wettbewerb der Aufmerksamkeitsökonomie gewinnen. Nicht Sorgfalt, Respekt und Differenzierung werden mit der Währung namens Aufmerksamkeit belohnt, sondern Schärfe und Lautstärke. Das führt dazu, dass unser Umgang miteinander immer gnadenloser wird und Eskalationsstufen verloren gehen. Kaum ein Tag, an dem keine Rücktrittsforderung in den sozialen Netzwerken erhoben wird. Kaum ein Tag, an dem nicht ohne Rücksicht auf Verluste, ohne die Besinnung auf bürgerliche Werte wie Anstand und Rücksichtnahme, jemand der Meute zum Fraß vorgeworfen wird. Oft völlig

[1] Korrespondentin im ZDF-Hauptstadtstudio Berlin, Kolumnistin und Buchautorin.

unabhängig davon, wie viel eigentlich dran ist an den erhobenen Vorwürfen und Behauptungen. Das sichert Beifall und neue Follower. Und in der Masse derjenigen, die nach den harten Regeln der Social-Media-Kommunikation auf der Jagd nach Likes mitspielen im Irrglauben, es würde dabei Gewinner geben, verschwindet man ohnehin. Die Schamgrenze hat man hier kollektiv verschoben.

Schon kleinste Verfehlungen können die Empörungsmaschine anwerfen und zu Höchstleistungen bringen - denn Empörung ist ihr Treibstoff.

Als Verstärker dieser Haudrauf-Mentalität dienen leider allzu häufig die traditionellen Medien - die oft einer ihrer Kernaufgaben, nämlich Gewichtung und Einordnung, nicht nachkommen. Noch immer reicht bereits das Stichwort „Shitstorm", um ein bis dato im dauerregten Netz spielendes Thema überschwappen zu lassen auf auch etablierte News-Portale. Ohne dass dort geprüft wird, ob man einer Agenda auf den Leim geht. Ob womöglich die üblichen Verdächtigen einen Sturm entfacht haben, vor deren Karren man sich nun unwissentlich spannen lässt. So erreichen Aussagen und Forderungen ein Publikum, das die Verhältnismäßigkeit nicht infrage stellt. Schließlich berichten ja die ihm als seriös bekannten Portale drüber.

Diese Entwicklung ist verheerend. Die Bereitschaft, sich in die Öffentlichkeit zu stellen, sich gar in den Dienst der Öffentlichkeit zu stellen, sinkt mit jeder Sau, die zu Profilierungs- und Unterhaltungszwecken durchs Dorf getrieben wird. Unsere Gesellschaft braucht einen nachsichtigen Umgang miteinander, sie braucht Fehlertoleranz. Und deshalb braucht es Nachsicht. Kein Wegschauen, aber Maß und Mitte. Denn sonst droht Letztere, zerrieben zu werden zwischen den Rändern. Und das wäre ihr Ende.

Inhaltsverzeichnis

Über den Autor

Daniel Caroppo Jahrgang 1976, ist Pressesprecher der DAK-Gesundheit, Hochschuldozent für Kommunikation und Public Relations sowie Autor mehrerer Fachbücher. Als Kommunikationsexperte beschäftigt er sich in „Die Basis erfolgreicher Pressearbeit", „Das Dilemma der Kommunikation" und „Perfekt. Glatt. Wirkungslos." mit der Frage, wie Kommunikation in Organisationen, Medien und Öffentlichkeit wirkt, wo sie trägt und warum sie unter Druck so oft ins Rutschen gerät. In diesem *essential* geht es um Cancel Culture und um eine Öffentlichkeit, in der oft schon geurteilt wird, bevor überhaupt richtig verstanden wurde.

1 Einleitung – Cancel Culture und Kommunikation

Nicole Diekmann beschreibt, wie schnell öffentliche Debatten heute kippen, und warum die Bühne dafür längst gebaut ist. Genau dort setzt dieses Essential an. Manchmal genügt ein einzelner Satz, um eine Situation unumkehrbar zu verändern. Eine Äußerung in einem Interview, ein Post, ein Bild im falschen Moment, und eine Dynamik setzt ein, die sich kaum noch steuern lässt. Öffentliche Empörung entsteht nicht schrittweise. Sie verdichtet sich. Sie beschleunigt sich. Und sie verlangt Entscheidungen, bevor geklärt ist, was tatsächlich geschehen ist.

Internationale Konzerne wie Adidas haben diese Erfahrung gemacht, als sich ihr langjähriger Partner Kanye West öffentlich antisemitisch äußerte. Innerhalb kurzer Zeit wurde aus einer Geschäftsbeziehung ein massives Reputationsrisiko. Der öffentliche Druck richtete sich nun vor allem auf die Frage, wie schnell und wie konsequent das Unternehmen reagieren würde. Für lange interne Abwägungen blieb in der Außenwahrnehmung kaum Raum (vgl. adidas 2022; Reuters 2022). Auch in Deutschland ist diese Dynamik längst Realität. Der Fall Gil Ofarim im Jahr 2021 zeigte, wie schnell sich ein öffentlicher Vorwurf zu einem moralisch aufgeladenen Urteil verdichten kann. Auslöser war ein Video, in dem Ofarim einem Leipziger Hotelmitarbeiter antisemitisches Verhalten vorwarf. Das Video verbreitete sich rasch, löste breite öffentliche Reaktionen aus und setzte das betroffene Hotel wie auch den beschuldigten Mitarbeiter massiv unter Druck. Die spätere strafrechtliche Aufarbeitung stellte den ursprünglichen Vorwurf jedoch in zentralen Punkten infrage; im November 2023 räumte Ofarim vor Gericht ein, die Vorwürfe erhoben zu haben, obwohl sie nicht zutrafen (vgl. Staatsanwaltschaft Leipzig 2022; Landgericht Leipzig 2023).

Cancel Culture ist kein Randphänomen mehr. Sie wirkt im Zentrum öffentlicher Kommunikation, verschiebt Maßstäbe, verkürzt Reaktionsfenster und

D. Caroppo, *Die Empörungsfalle – Kommunikation in Zeiten von Cancel Culture*, essentials, https://doi.org/10.1007/978-3-658-51963-6_1

erzeugt Unsicherheit darüber, was noch als offene Debatte gilt und was öffentlich bereits moralisch entschieden scheint. Für Kommunikationsverantwortliche ist das längst kein Ausnahmefall mehr, sondern ein wiederkehrendes Szenario. Klassische Ansätze der Krisenkommunikation bleiben zwar relevant, stoßen unter den Bedingungen digital beschleunigter, plattformgeprägter Öffentlichkeit jedoch erkennbar an Grenzen (vgl. Coombs 2015; Coombs und Holladay 2012; Gillespie 2018).

Dieses Essential setzt genau hier an. Es verspricht keine Schutzmechanismen und keine Patentrezepte. Es versucht zu verstehen, wie digitale Empörung entsteht, warum sie sich so schwer bremsen lässt und welche Fehler sich in solchen Situationen regelmäßig wiederholen. Es fragt, welche Optionen bleiben, um handlungsfähig zu bleiben, ohne Haltung zu simulieren oder sich vorschnell festzulegen.

Die Kapitel geben Orientierung. Sie beschreiben die Logiken von Empörungswellen, auch dann, wenn belastbare Fakten noch fehlen. Sie zeigen typische Reaktionsmuster, die Situationen verschärfen, und benennen Alternativen, die Verantwortung übernehmen, ohne neue Eskalation zu erzeugen. Und sie richten den Blick auf die Frage, wie Organisationen langfristig widerstandsfähiger werden können, auch wenn öffentliche Debatten unruhiger und unberechenbarer werden.

Ich schreibe dieses Buch nicht aus der Distanz. Ich kenne den Druck, wenn eine Organisation innerhalb weniger Stunden zur Projektionsfläche wird. Ich kenne Situationen, in denen Antworten erwartet werden, die es noch nicht gibt, und Schweigen sofort interpretiert wird. Der Spielraum zwischen notwendiger Selbstkritik und irreversibler Selbstschädigung ist schmal. Dieses Essential ist der Versuch, Ordnung in ein Feld zu bringen, das keine festen Linien mehr kennt und dennoch täglich Menschen trifft, die glaubten, vorbereitet zu sein.

1.1 „Es brennt." – Die ersten 30 min

„Habt ihr das schon gesehen."

Es ist kein Ruf, keine Panik. Aber in Tinas Stimme liegt etwas, das nicht hierher gehört. Die Kollegin aus dem Social-Media-Team steht in der Tür, das Smartphone in der Hand, als hinge daran die Richtung des Tages. Montagmorgen, 8 Uhr 31. Eigentlich Jour fixe. Und doch kippt etwas. Still. Unaufhaltsam.

Auf dem Bildschirm erscheint ein Tweet. Wenige Zeichen, ein Screenshot, ein Hashtag. #CancelXYZ. Die Reichweite ist noch überschaubar, aber sie wächst. Es geht um einen Clip aus dem Archiv, drei Jahre alt. Eine Formulierung, die damals niemanden interessiert hat. Jetzt liegt sie anders da. Nicht neu, aber neu gelesen. Schärfer, weil der Kontext sich verschoben hat.

Die Stimmung im Raum verändert sich spürbar. Müdigkeit weicht Aufmerksamkeit. Paul, der Pressesprecher, greift zum Handy. Drei Anfragen sind bereits eingegangen. Eine fragt, ob der Vorwurf stimmt. Eine andere will wissen, wie die Organisation reagiert. Noch gibt es keinen offiziellen Sachverhalt, kein geprüftes Bild, keine Einordnung. Draußen wirkt es dennoch, als sei alles bereits entschieden. Forderungen nach Konsequenzen, Boykottaufrufe, Vergleiche mit früheren Skandalen, die nicht wirklich passen und sich trotzdem halten.

„Wir müssen handlungsfähig bleiben", sagt Paul. Er weiß, wie schnell Unruhe sich überträgt, denn es geht längst nicht mehr nur um eine Formulierung. Es geht um Vertrauen, um Deutung, um die Frage, wer spricht, bevor andere es tun. Die Vorstandsvorsitzende sitzt im Flugzeug. Die Juristen bitten um Zeit, Unterlagen und Klarheit. Währenddessen läuft die öffentliche Diskussion weiter. Über Schuld und Verantwortung, bevor geklärt ist, was tatsächlich passiert ist.

Im Nebenraum werden alte Pressemitteilungen durchsucht. Vielleicht gibt es einen Satz, der trägt. Eine Einordnung, die nicht sofort zerbricht. Gleichzeitig verändert sich die Dynamik. Die Fragen werden weniger. Die Forderungen mehr. Es fühlt sich an wie ein Verfahren, bei dem das Urteil geschrieben wird, während die Verhandlung noch aussteht.

In diesen ersten Minuten entscheidet sich meist noch nicht, was öffentlich gesagt werden kann, sondern ob eine Organisation überhaupt in der Lage ist, ihre Wahrnehmung von der Lage sauber zu ordnen. Gerade am Anfang kommt es darauf an, nicht vorschnell in Kommunikation zu flüchten, sondern zunächst zu klären, was tatsächlich belegt ist, wer konkret betroffen ist, wer lediglich reagiert, in welchem Raum die Debatte überhaupt stattfindet und ob ihre Reichweite bereits real oder vor allem gefühlt groß ist. Diese Fragen wirken auf den ersten Blick unspektakulär, tatsächlich bilden sie aber die Grundlage jeder späteren Handlungsfähigkeit. Wer sie überspringt, ersetzt Klärung durch Aktion und reagiert dann nicht auf die Lage selbst, sondern auf ihre erste, oft verzerrte Wahrnehmung. Genau darin liegt eines der größten Risiken früher Krisenkommunikation: Nicht die Unsicherheit an sich ist das Problem, sondern der Versuch, sie mit zu schneller Aktivität zu überdecken.

Paul lehnt sich zurück. Fünfzehn Jahre Krisenerfahrung. Viel gesehen, vieles abgefedert. Das hier ist nicht größer als anderes, aber es ist schneller. Während vor einer Stunde noch alles ruhig war, fühlt sich die Marke jetzt instabil an. Vielleicht nur im Empfinden, doch das reicht, um Entscheidungen unter Druck zu erzwingen.

Manche Brände kündigen sich nicht an, sondern man riecht sie erst, wenn sie bereits da sind. In den ersten dreißig Minuten geht es nicht darum, sie zu löschen, sondern darum, nicht selbst Benzin nachzugießen.

1.2 Woher kommt das eigentlich? Der Weg vom Pop-Slang zur öffentlichen Waffe

Der Ausdruck „to cancel someone“ taucht in afroamerikanischen Sprachräumen bereits Anfang der neunziger Jahre auf. Er war keine Theorie und kein moralisches Programm. Eher eine Geste. Ein lässiges Wegwischen. Ein „du bist raus“, halb ironisch, halb ernst. Wer so sprach, meinte Distanz, nicht Vernichtung.

Popkulturelle Bezüge wie Songtitel oder Filmdialoge trugen den Ausdruck weiter, ohne ihm Schwere zu verleihen. Er blieb Teil eines internen Tons: verständlich für die, die ihn teilten und unsichtbar für alle anderen.

Das änderte sich, als der Begriff in digitale Timelines wanderte. In afroamerikanischen Online-Diskursen auf Twitter wurde „you're canceled“ zunächst zur Reaktion, zum Kommentar, zum sozialen Etikett. Wer den kulturellen Kontext teilte, verstand den Subtext sofort. In popkulturellen Formaten wie der Reality-Serie „Love & Hip Hop: New York“ tauchte die Formulierung zudem sichtbar außerhalb ihres ursprünglichen Kontexts auf. Ab Mitte der 2010er-Jahre löste sich der Ausdruck zunehmend aus diesem Resonanzraum und wurde breiter, öffentlicher und härter verwendet. Spätestens mit #MeToo zeigte sich ab 2017, wie schnell digital gebündelte Aufmerksamkeit institutionelle Folgen haben konnte. Die mediale Dynamik rund um Harvey Weinstein und Louis C.K. machte sichtbar, wie rasch Karrieren, Verträge und öffentliche Rollen unter Druck geraten konnten, auch wenn die einzelnen Fälle selbst sehr unterschiedlich gelagert waren (vgl. Ng 2020; Romano 2019; Reuters 2017a, b).

Was zuvor wie ein Einzelfall wirkte, bekam einen Namen: Cancel Culture wurde zu einer Chiffre im öffentlichen Sprechen über Moral, Verantwortung und Macht. Nicht als präziser Begriff, sondern als Sammelbezeichnung für sehr unterschiedliche Vorgänge.

Von dort aus wanderte er weiter. In Unternehmen, in Verwaltungen, in Vorstände und Kommunikationsabteilungen. Alte Aussagen verloren ihren Kontextschutz, Interviews bekamen ein Ablaufdatum, das Archiv wurde zum Risiko. Nicht, weil sich Worte verändert hatten, sondern weil ihre Umgebung es tat.

Reputationsmanagement fühlte sich plötzlich anders an. Weniger wie Planung, mehr wie permanentes Abwägen. Entscheidungen mussten schneller fallen, oft ohne belastbare Informationen. Ein Handbuch, das half, gab es nicht. Stattdessen nur den nächsten Schritt, der sich gerade noch vertreten ließ, und danach den nächsten.

In Deutschland wurde der Begriff später sichtbar. Zunächst tauchte er in Feuilletons und Kommentaren auf, die amerikanische Debatten einordneten. Konkreter wurde die Diskussion im Jahr 2020 am Fall Lisa Eckhart: Die Ausladung der Kabarettistin vom Hamburger Harbour Front Literaturfestival wurde breit medial verhandelt und sehr unterschiedlich gelesen. Die einen sahen darin einen notwendigen Schutz vor verletzender Sprache, die anderen ein vorschnelles Einknicken vor öffentlichem Druck. Gerade dieser Streit machte sichtbar, wie schnell sich der Begriff Cancel Culture auch im deutschen Sprachraum zu einem Deutungsrahmen entwickelte, der weit über den Einzelfall hinausreichte (vgl. Süddeutsche Zeitung 2020; Deutschlandfunk Kultur 2020).

Wissenschaftlich bleibt das Phänomen dennoch unscharf. Eve Ng beschreibt Cancel Culture nicht als einheitlichen Vorgang, sondern unterscheidet zwischen Cancel-Praktiken, Cancel-Diskursen und einer breiteren Cancel-Kultur. Gemeint sind damit konkrete Handlungen des Cancelns, ihre sprachliche und mediale Deutung sowie ein kulturelles Klima, in dem solche Vorgänge eine besondere gesellschaftliche Aufladung erhalten. Diese Differenzierung hilft, Ebenen analytisch auseinanderzuhalten, auch wenn sie im öffentlichen Sprachgebrauch meist ineinanderfallen (vgl. Ng 2020, 2022).

Wer heute „Cancel Culture“ sagt, meint oft alles zugleich: Handlung, Deutung und Gefühl. Genau darin liegt ihre kommunikative Sprengkraft.

Der offene Brief „A Letter on Justice and Open Debate“, veröffentlicht 2020 im Harper's Magazine, sowie sein deutsches Echo im „Appell für freie Debattenräume“ zeigen, wie aufgeladen das Feld geworden ist. Zwischen dem Wunsch nach Gerechtigkeit und der Angst vor Ausschluss. Zwischen Schutz und Schweigen.

Cancel Culture ist kein Trend, den man aussitzen kann. Sie sitzt längst mit am Tisch, wenn entschieden wird, wie gesprochen wird. Sie verändert öffentliche Kommunikation nicht nur dort, wo tatsächlich gecancelt wird, sondern überall dort, wo die Möglichkeit mitläuft. Still, wirksam und oft radikaler, als man es im Moment bemerkt.

1.3 Zwischen Widerspruch und digitalem Urteil

Wo Kritik aufhört und Canceln beginnt

Empörung ist nicht automatisch Cancel Culture. Und Kritik verliert ihren Wert nicht, nur weil sie wehtut. Wer beides gleichsetzt, übersieht das eigentliche Problem. Es geht nicht um Lautstärke oder Tonfall. Es geht darum, ob Widerspruch noch auf Antwort zielt oder ob das Urteil bereits feststeht.

Berechtigte Kritik will Veränderung. Sie benennt Missstände, fordert Einordnung, hält Lernen für möglich. Sie kann unbequem sein, hart, fordernd. Aber sie lässt die andere Seite im Gespräch. Ein Unternehmen wird auf eine diskriminierende Anzeige hingewiesen. Ein Politiker auf eine Formulierung, die alte Verletzungen berührt. Diese Kritik verlangt Reaktion, Korrektur, manchmal auch eine Entschuldigung. Sie ist laut. Aber sie bleibt ansprechbar.

Cancel Culture folgt einer anderen Logik. Im Zentrum steht oft nicht die Erwartung von Entwicklung, sondern die Zuschreibung, dass eine Person oder ein Werk als untragbar gilt. Für Betroffene kann sich das wie ein Ausschluss ohne geregeltes Verfahren anfühlen, weil sich öffentliche Urteile häufig schneller verdichten, als Widerspruch, Einordnung oder Korrektur überhaupt noch wirksam werden können (vgl. Ng 2020, 2022). Im Verlagsumfeld zeigt sich diese Dynamik besonders deutlich, wenn Debatten über Sprache, Darstellung und kulturelle Zuschreibung in kurzer Zeit institutionelle Folgen auslösen. Sichtbar wurde das etwa an der Kontroverse um Ravensburgers Begleitbücher zum Film „Der junge Häuptling Winnetou", die 2022 nach massiver Kritik in sozialen Medien aus dem Programm genommen wurden, oder an der Überarbeitung der kolorierten „Jim Knopf"-Ausgaben, in denen der Thienemann Verlag 2024 rassistisch bewertete Begriffe ersetzte. Die Fälle sind nicht identisch. Sie zeigen aber, wie rasch aus öffentlicher Kritik ein Entscheidungsdruck entstehen kann, unter dem Verlage nicht nur über einzelne Wörter, sondern über Programme, Sichtbarkeit und kulturelle Legitimation verhandeln müssen (vgl. Ng 2020; Boersenblatt 2022; Thienemann 2024).

In solchen Situationen verschiebt sich der Fokus. Weg von der Sache und hin zur Person. Nicht mehr die Aussage steht im Zentrum, sondern ihre moralische Zuschreibung. Dialogangebote wirken plötzlich wie Rechtfertigungen. In anonymisierten Gesprächen mit Kommunikationsverantwortlichen internationaler Konzerne fällt immer wieder derselbe Satz: Man könne erklären, aber nicht mehr aufklären. Sobald ein Hashtag laufe, zähle nicht mehr die Haltung, sondern der Eindruck von ihr. Das ist keine Theorie. Es ist gelebte Praxis.

Was unterscheidet Kritik vom Canceln? Es ist nicht die Lautstärke und auch nicht zwingend der Ton. Entscheidend ist, ob die andere Seite noch antworten darf. Ob wir überhaupt noch hören wollen, was gesagt wird. In Kritik liegt zumindest die Möglichkeit von Einsicht oder Wandel. In der Cancel-Logik steht das Urteil oft vor dem ersten Wort.

Zwei Reaktionen machen den Unterschied sichtbar.

„Ich finde Ihre Wortwahl unglücklich. Können Sie erklären, wie Sie das gemeint haben."

Oder: „Untragbar. Diese Person darf kein Mandat mehr haben. Boykott."

Im ersten Fall entsteht Beziehung. Im zweiten Ausschluss.

Für Unternehmen wird diese Unterscheidung zur Belastungsprobe, denn Schweigen erzeugt Verdacht und Reden erzeugt Risiko, während Abwägen wie Zögern wirkt. In vertraulichen Gesprächen beschreiben Pressesprecherinnen großer

Organisationen immer wieder dieselbe Erfahrung: Neutralität gilt nicht mehr als Option. Jede Position wird selbst zum Prüfstein. Es gibt kein sicheres Tempo. Nur Entscheidungen, die schneller fallen müssen, als ihre Folgen sich zuverlässig abschätzen lassen.

Das folgende Beispiel verdichtet typische Muster, wie sie im Hochschulkontext auftreten können. Es handelt sich nicht um einen dokumentierten Einzelfall, sondern um ein Szenario, das aus wiederkehrenden Dynamiken solcher Debatten entwickelt wurde. Ein Dozent veröffentlicht auf LinkedIn einen abwägenden Beitrag zur Debatte um Cancel Culture. Er verteidigt darin weder Grenzüberschreitungen noch bagatellisiert er Diskriminierung. Er weist lediglich darauf hin, dass öffentliche Zuschreibungen sich oft schneller verfestigen, als Sachverhalte geprüft werden können. Wenige Stunden später reagieren ehemalige Studierende mit dem Vorwurf struktureller Rücksichtslosigkeit. Aus früheren Seminaren kursieren Screenshots einzelner Sätze, aus dem Zusammenhang gelöst und neu gerahmt. Innerhalb kurzer Zeit verschiebt sich die Debatte vom Inhalt des Posts zur moralischen Bewertung seiner Person. Die Hochschule distanziert sich vorsichtig, ohne zunächst das direkte Gespräch zu suchen. Sichtbar wird daran, wie rasch digitale Zuschreibung, institutioneller Druck und Reputationsverlust ineinandergreifen können. Ein Teil dieser Dynamik entsteht auf den Plattformen selbst. Empörung erzeugt Sichtbarkeit. Polarisierung wird belohnt. Was ruhig bleibt, verschwindet schneller. Kleine Gruppen können wie eine Mehrheit wirken, wenn sie laut genug sind. Diese Logik stellt klassische Krisenkommunikation vor ein strukturelles Problem. Während Organisationen noch prüfen, sind Urteile längst gefallen. Gefordert wird nicht die perfekte Antwort, sondern Haltung im richtigen Moment.

1.4 Der tiefe Wunsch, auf der richtigen Seite zu stehen

Manchmal geht es gar nicht um den Skandal selbst, sondern um die Frage, wo man steht, wenn er passiert. Cancel Culture erklärt sich nicht allein aus Moral oder Politik. Sie berührt etwas Psychologisches. Etwas, das tiefer liegt als Argumente oder Programme. Es geht um Zugehörigkeit, um Sicherheit, um Orientierung in unübersichtlichen Situationen. Wer mitgeht, gehört dazu. Wer zögert, spürt schnell, dass er wahrgenommen wird.

Digitale Empörung funktioniert dabei oft weniger über Argumente als über Signale. Wer laut reagiert, zeigt Haltung und zugleich Zugehörigkeit. Es geht weniger um die Sache als um die Botschaft dahinter: Ich bin auf der richtigen Seite. Ich bin nicht wie die anderen. Besonders stark wirkt dieser Mechanismus in moralisch aufgeladenen Milieus. Dort wird Diskussion nicht mehr als Austausch verstanden, sondern als Positionierung. Sichtbar im Feed, bestätigt durch Reaktionen, verankert in der Gruppe. Was wie Meinung aussieht, wird zum sozialen Abzeichen. Und wer still bleibt, fällt auf.

In der psychologischen und sozialtheoretischen Diskussion werden dafür Begriffe wie Virtue Signalling oder Moral Signalling verwendet. Gemeint ist damit, vereinfacht gesagt, das öffentliche Zeigen moralischer Haltung, das nicht nur Überzeugung ausdrückt, sondern auch auf soziale Zustimmung, Anerkennung oder Reputationsgewinn zielen kann. In der Praxis klingt das weniger theoretisch. Dort zeigt sich vielmehr, wie Empörung in sozialen Räumen zu einer Form symbolischen Kapitals werden kann (vgl. Miller 2019; Westra 2021).

Mit diesem Wettbewerb kommt die Angst. Viele äußern sich, ohne genau zu wissen, worum es im Kern geht. Schweigen wirkt verdächtig, Nachfragen gelten als Relativierung und Differenzierung wird schnell als Schutz der falschen Seite gelesen. So verengt sich Kommunikation schrittweise. Nicht auf Erkenntnis, sondern auf Reinheit. Nicht auf Wandel, sondern auf Zuordnung.

Digitale Plattformen verschärfen diese Dynamik nicht nur, sie verengen auch die Handlungsspielräume der Beteiligten. Unter hohem Sichtbarkeitsdruck wird aus einer offenen Lage schnell die Erwartung, sich eindeutig zu positionieren. Wer zögert, riskiert, selbst unter Verdacht zu geraten. Gerade darin liegt die eigentliche Attraktivität solcher Eskalationen: Sie reduzieren Komplexität, entlasten von Ambivalenz und bieten in unübersichtlichen Situationen eine scheinbar klare Ordnung an.

In Gesprächen mit Kommunikationsverantwortlichen aus Unternehmen, Kulturinstitutionen und jüngeren Organisationen taucht ein Gedanke immer wieder auf: In empörten Lagen geht es oft weniger um vollständige Aufklärung als um die schnelle Markierung von Zugehörigkeit. Viele Communities wollen in solchen Momenten vor allem wissen, auf welcher Seite jemand steht. Gerade das erklärt, warum Kommunikationsabteilungen an ihre Grenzen kommen. Denn je größer der öffentliche Druck wird, desto schwerer fällt das Innehalten. Wer sich als Teil einer moralisch legitimierten Bewegung erlebt, handelt entschlossener, während Zweifel, Abwägung und Verfahrensfragen schnell wie unnötige Verzögerung wirken können. Es entsteht der Eindruck, als sei längst entschieden, was richtig ist und wer gehen muss.

Im Kulturbereich lassen sich ähnliche Dynamiken immer wieder beobachten. Ein Veranstalter kündigt einen Künstler oder Autor an. Kurz darauf werden ältere Interviews, einzelne Aussagen oder politische Positionierungen neu aufgerufen und im aktuellen Konfliktkontext gelesen. Kommentare verdichten sich, Vorwürfe werden lauter, Proteste werden angekündigt. An diesem Punkt geht es oft nicht mehr nur um inhaltliche Zustimmung oder Ablehnung, sondern auch um die Frage, ob eine Veranstaltung unter den gegebenen Umständen sicher und verantwortbar durchgeführt werden kann. Gerade darin liegt die Zuspitzung: Sicherheitsabwägung, öffentlicher Druck und institutionelle Selbstvergewisserung greifen ineinander. Entscheidungen fallen dann nicht selten, bevor ein offenes Gespräch überhaupt noch möglich erscheint. Der Auftritt entfällt also nicht immer nur aus moralischer Distanzierung, sondern häufig auch deshalb, weil Veranstalter das Risiko für Publikum, Beteiligte und eigenes Haus nicht mehr tragen wollen (vgl. Der Spiegel 2026; dpa 2026).

In Unternehmen wird diese Dynamik zur internen Belastung. Mitarbeitende fordern klare Zeichen. Kommunikationsabteilungen reagieren unter Zeitdruck, oft aus Angst, nicht aus Überzeugung. Entscheidungen wirken später überhastet. Im Moment ihres Entstehens erscheinen sie alternativlos. Die letzte Sicherheit besteht darin, im Zweifel zu schnell gewesen zu sein, nicht zu spät.

Medienethische, sozialpsychologische und kultursoziologische Arbeiten beschreiben solche Prozesse als symbolische Grenzziehungen (vgl. Bourdieu 1991; Miller 2019; Ng 2020). Abweichung wird dann nicht mehr ausgehandelt, sondern markiert. Verständigung tritt in den Hintergrund, während die Stabilisierung des eigenen Selbstbildes und der moralischen Ordnung an Gewicht gewinnt. Was nicht passt, wird isoliert, oft nicht deshalb, weil es argumentativ scheitert, sondern weil es als Störung einer Ordnung empfunden wird, die bewahrt werden soll.

1.5 Neue Spielregeln: Kommunikation unter Empörungsdruck

In der klassischen Kommunikation galt Planung als Stabilitätsanker. Botschaften wurden vorbereitet, Reaktionszeiten gewonnen, Souveränität durch Ruhe erzeugt. Diese Logik trug lange. Doch unter Empörungsdruck verschieben sich die Bedingungen. Heute kann öffentliche Erregung entstehen, bevor klar ist, was überhaupt passiert ist. Und mit ihr die Erwartung, dass jemand Haltung zeigt.

Kommunikation folgt dabei immer seltener linearen Abläufen. Sie gleicht einem permanenten Reaktionsmodus. Pressesprecherinnen und Pressesprecher beschreiben Situationen, in denen sie morgens in eine Dynamik geraten, die am Vorabend noch nicht existierte. Häufig geht es nicht um aktuelle Fehltritte, sondern um ältere Interviews, historische Aussagen oder Ungenauigkeiten, die aus ihrem ursprünglichen Zusammenhang fallen und plötzlich für das Heute gelesen werden. Die zentrale Frage verschiebt sich spürbar. Weg von der sorgfältigen Prüfung dessen, was zutrifft. Hin zu der Frage, was im Moment glaubhaft wirkt.

In vielen Organisationen hält sich dennoch die Hoffnung, dass Fakten beruhigen. Dass saubere Einordnung, Chronologien und Zahlen den Lärm dämpfen. Doch Empörungsdynamiken folgen selten dieser Logik. Sie orientieren sich an Deutungsmustern, in denen moralische Verortung wichtiger ist als Detailtreue.

Damit verändert sich auch das Verhältnis von Planung und Präsenz. Sichtbarkeit und Tempo werden zu eigenständigen Faktoren. Wer schweigt, wirkt unsicher. Wer zögert, verliert Deutungsspielraum. Wer zu schnell reagiert, schafft neue Angriffsflächen. Der Raum für strategisches Vorgehen schrumpft, vor allem dort, wo Organisationen ihre Haltung erst definieren, wenn sie bereits unter Druck stehen. Haltung im Nachhinein wirkt wie Reparatur. Haltung im Vorfeld wirkt wie Kulturarbeit.

Diese Verschiebung betrifft nicht nur Kommunikationsabteilungen. Sie verändert Führungsrollen. Während früher vorbereitet und anschließend freigegeben wurde, müssen Führungskräfte heute selbst anschlussfähig sein. Sie müssen sprechen können, öffentlich, nicht nur intern. Wer in den ersten Stunden einer Empörungswelle unsichtbar bleibt, überlässt anderen die Deutung dessen, was angeblich geschehen ist. Kommunikation ist damit keine delegierbare Funktion mehr. Sie wird zur Frage von Präsenz und Verantwortung.

Wie schnell sich diese Dynamik zuspitzt, zeigt sich in vielen vergleichbaren Situationen, in denen ein Interview eigentlich sachlich, differenziert und ohne erkennbare Provokation geführt wird, dann aber ein einzelner Begriff plötzlich nicht mehr in den aktuellen Deutungsrahmen passt. Was für sich genommen weder als Affront noch als klarer Tabubruch gemeint war, kann unter Bedingungen erhöhter öffentlicher Sensibilität zu einem Marker werden, an dem sich weit mehr entzündet als an der Aussage selbst. Aus einem längeren Gespräch werden dann wenige Wörter herausgelöst, die nicht mehr als Teil eines Dialogs gelesen werden, sondern als Signal in einem bereits aufgeladenen Klima, in dem bestimmte Formulierungen sofort für größere Konflikte stehen. Die Eskalation entsteht in solchen Fällen also oft weniger aus dem Satz allein als aus dem Zusammenspiel von situativer Aufladung, moralischer Erwartung und einem Deutungsrahmen, der Ambivalenz kaum noch zulässt.

Vorbereitung hilft in solchen Situationen nur begrenzt, wenn sie sich auf Checklisten und vorformulierte Reaktionsmuster beschränkt. Tragfähig wird sie erst dann, wenn Organisationen ihre Kommunikationsarbeit auch als Kulturarbeit verstehen, also als fortlaufende Arbeit an Sprache, Zuhören, internen Sensibilitäten und belastbaren Beziehungen nach außen. Entscheidend ist dann nicht das perfekte Skript, sondern ein Gespür für Resonanzräume: Wer spricht gerade, wer fühlt sich betroffen, in welchem Umfeld entsteht die Debatte, und welche Form von Präsenz ist in diesem Moment möglich, ohne vorschnell Antworten zu simulieren, die noch nicht getragen sind. Organisationen, die sich diese Fragen erst stellen, wenn

Empörung bereits sichtbar geworden ist, verlieren nicht nur Zeit, sondern auch Vertrauen, das sich später nur schwer zurückgewinnen lässt.

Hinzu kommt eine neue Form öffentlicher Dauerbeobachtung. Jede Äußerung kann festgehalten, verstärkt und neu gerahmt werden. Nicht alles davon ist relevant. Aber alles kann wirksam werden, wenn das kommunikative Fundament fehlt. Das verändert die Tonlage. Und es erhöht den Druck, schneller zu reagieren, als es der eigenen Klärung guttut.

Der größte Fehler besteht darin, Empörungsdynamiken als theoretisches Risiko zu behandeln. Die entscheidende Frage lautet nicht, ob man angreifbar ist, sondern, ob man vorbereitet ist. Relevante Kommunikation beginnt nicht mit einem Posting. Sie beginnt mit der Klarheit darüber, wofür man steht, wenn es ungemütlich wird. Und ob diese Haltung trägt, wenn sie geprüft wird.

2 Mechanik der Empörungswelle

2.1 Ein Hashtag, 53 Videos, und eine Lawine

Am Anfang steht kein Skandal, sondern eine Handlung, die banal wirkt und sich nicht zurückholen lässt. Ein Beitrag geht online. Ein Link wird geteilt. Etwas ist öffentlich, bevor klar ist, wie es gelesen werden wird.

Am Abend des 22. April 2021 veröffentlichte die Initiative #allesdichtmachen eine Reihe kurzer Videoclips, in denen bekannte Schauspielerinnen und Schauspieler mit Ironie, Überzeichnung und Sarkasmus auf die deutsche Pandemiepolitik reagierten. In den ersten Reaktionen blieb die Deutung noch offen: Einige lasen die Beiträge als Satire, andere als zynische Provokation. Doch schon kurz darauf wurden einzelne Aussagen aus dem Zusammenhang gelöst, in sozialen Netzwerken weiterverbreitet und in neue Deutungsrahmen gestellt. Besonders Äußerungen von Jan Josef Liefers entwickelten dabei hohe Anschlussfähigkeit und wurden zum symbolischen Bezugspunkt einer Debatte, die sich in kurzer Zeit weit über die Videos selbst hinaus auflud (vgl. ZEIT 2021; Übermedien 2021; RTL 2021).

Innerhalb weniger Stunden verdichtete sich die Reaktion deutlich. Aus zunächst uneinheitlichen Deutungen wurde eine breiter sichtbare Kontroverse, in der sich Stimmen aus Medizin, Medien und Kulturbetrieb öffentlich positionierten. Die Zahl der Kommentare stieg sprunghaft, und was als Vielzahl einzelner Reaktionen begann, nahm rasch den Charakter einer gemeinsamen Empörung an. Sichtbar wurde dabei vor allem nicht ein einzelnes Argument, sondern eine Dynamik, in der Reaktionen weitere Reaktionen auslösten und Zustimmung wie Ablehnung öffentlich belohnt wurden. Auch in Redaktionen und Kommunikationsabteilungen wurde diese Bewegung in Echtzeit beobachtet. Einschätzungen wie „Geht steil. Morgen

D. Caroppo, *Die Empörungsfalle – Kommunikation in Zeiten von Cancel Culture*, essentials, https://doi.org/10.1007/978-3-658-51963-6_2

groß.“ markieren genau den Punkt, an dem aus Beobachtung Erwartung wird und eine Debatte beginnt, eigene Konsequenzen zu erzeugen, unabhängig davon, was ursprünglich gemeint war. Spätestens in der Nacht kippte die Situation weiter: Einzelne Beteiligte distanzierten sich, andere erklärten ihre Beiträge, Jan Josef Liefers verteidigte die Aktion öffentlich und wurde noch am selben Abend kurzfristig in die Talkshow „3nach9“ eingeladen. In einer solchen Phase wirkt Schweigen kaum noch neutral. Es wird als Zeichen gelesen, während Erklärungen schnell als Ausweichen erscheinen. Die Möglichkeit, erst zu klären und dann zu sprechen, schrumpft damit drastisch (vgl. ZEIT 2021; Übermedien 2021; RND 2021; taz 2021). Ein vielfach geteilter Kommentar bringt die neue Logik auf den Punkt. Er verknüpft die Videos mit der Erfahrung von Pflegekräften und verleiht der Empörung moralisches Gewicht. In diesem Moment ist die Debatte größer als die Aktion selbst. Es geht nicht mehr um Satire oder Kunstfreiheit. Es geht um Haltung, um Zugehörigkeit, um die Frage, auf welcher Seite man steht.

Der Rhythmus der Debatte wird nun nicht mehr von den Beteiligten bestimmt. Er entsteht aus Timelines, Terminkalendern und medialer Anschlussfähigkeit. Jede Reaktion verändert die Lage. Jede Verzögerung ebenfalls. Der digitale Takt übernimmt.

Was dieser Fall zeigt, ist keine Besonderheit der Pandemie. Es ist die Mechanik moderner Empörungswellen. Sie beginnen nicht mit Klarheit, sondern mit Deutung. Sie wachsen durch Verdichtung, nicht durch Argumente. Und sie entfalten ihre größte Wirkung in den ersten Stunden, wenn noch unklar ist, was tatsächlich passiert ist, aber bereits entschieden wird, was es bedeuten soll.

2.2 Woher die Welle kommt – Eine kurze Vorgeschichte der digitalen Empörung

Empörung ist kein neues Gefühl. Schon lange bevor soziale Netzwerke existierten, forderten Menschen öffentlich Konsequenzen, etwa in Leserbriefspalten oder Talkshows. Neu ist nicht das Bedürfnis nach moralischer Positionierung, sondern der Raum, in dem sie stattfindet. Digitale Plattformen haben Reichweite vervielfacht und Rückkopplung beschleunigt. Was früher langsam wuchs, verdichtet sich heute in Minuten.

Facebook begann als Netzwerk persönlicher Verbindungen. Ein digitaler Raum, der Nähe simulierte. Mit der Zeit wurde daraus eine öffentliche Bühne, auf der Äußerungen weit über ihren ursprünglichen Kontext hinauswirken konnten. Twitter, später X genannt, verschärfte diese Logik. Wenige Zeichen genügen, um Zustimmung zu markieren oder Distanz herzustellen. Die Timeline wurde zu einem Ort, an dem Reaktionen selten folgenlos bleiben und Ablehnung dauerhaft sichtbar ist.

Mit der Einführung algorithmischer Sortierung verschob sich die kommunikative Logik grundlegend. Sichtbar wird nicht mehr das, was geschieht, sondern das, was Reaktionen auslöst. Systeme bevorzugen Inhalte, die Emotionen binden und Interaktion erzeugen. Empörung entfaltet Wirkung, weil sie Anschluss erzeugt. Sie hält Menschen im Feed, füllt Kommentarspalten, provoziert Screenshots und zieht redaktionelle Aufmerksamkeit an. Aufmerksamkeit wird zur Währung, Empörung zur schnellen Rendite.

Diese Mechanik verändert auch journalistische Prozesse. Themen entstehen nicht mehr ausschließlich durch redaktionelle Setzung, sondern zunehmend durch Sichtbarkeit. Tweets werden zu Ausgangspunkten. Empörungswellen zu Aufhängern. In der Beschleunigung rückt die Frage, ob ein Thema trägt, hinter die Frage, ob es weitergetragen wird. Relevanz entsteht im Vollzug.

Empirische Studien stützen diese Beobachtung. Der Sozialpsychologe William J. Brady und Kolleginnen zeigten bereits 2017, dass Beiträge mit moralisch emotionaler Sprache, etwa Begriffe wie „Ungerechtigkeit“, „Verachtung“ oder „Empörung“, signifikant häufiger geteilt werden als sachliche Inhalte mit vergleichbarem Informationsgehalt. Moralische Emotionalisierung verstärkt Reichweite. Nicht, weil sie informativer ist, sondern weil sie bindet.

Auch die Plattformen selbst prägen den Stil der Empörung. Auf YouTube entfalten sich Debatten oft langsamer, aber nachhaltiger, etwa über lange Kommentarketten. TikTok fragmentiert Empörung. Kurze Clips, aus dem Zusammenhang gelöst, erzeugen neue Lesarten. Ein Blick, eine Geste, ein Satz können genügen, um Deutung zu kippen. Kontext entsteht nachträglich oder gar nicht.

Für Kommunikationsverantwortliche entsteht damit ein neuer Gegenspieler. Nicht mehr nur Kritik, sondern interpretative Wellen, die sich verselbstständigen. Aus einem Satz wird ein Signal. Aus einer Geste eine Haltung. Aus einem Zögern ein Verdacht. Während früher ein misslungener Fernsehauftritt Tage brauchte, um zu eskalieren, reichen heute Sekunden. Ein Ausschnitt. Ein falscher Ton. Ein Moment zur falschen Zeit.

Der Anspruch, schnell zu sein, hat sich tief in die öffentliche Kommunikation eingeschrieben. Wer zu spät reagiert, verliert Einfluss. Wer schweigt, wird gelesen. Wer differenziert, gerät unter Verdacht. So entsteht ein Raum, in dem Tempo dominiert und Zeit zur Prüfung kaum vorgesehen ist. Genau hier beginnt das eigentliche Problem. Nicht bei der Empörung selbst, sondern bei der Geschwindigkeit, mit der Bedeutung entsteht, noch bevor Klarheit möglich ist.

2.3 Kernaspekte und Mechanismen – Wie eine Empörung Form annimmt

Empörung wirkt oft spontan, folgt aber wiederkehrenden Mustern, die sich beobachten lassen. Manche dieser Muster sind technisch, andere sozial oder psychologisch geprägt. In ihrem Zusammenspiel erzeugen sie eine Dynamik, die sich wie Wirklichkeit anfühlt, obwohl sie aus der Verdichtung vieler einzelner Impulse entsteht. Wer professionelle Kommunikation verantwortet, muss diese Mechanik nicht beherrschen, aber verstehen.

Algorithmische Verstärkung
Digitale Plattformen zeigen nicht, was gesagt wurde, sondern was Wirkung entfaltet. Darin liegt der entscheidende Bruch mit früheren Medienlogiken, in denen Redaktionen darüber entschieden, welche Inhalte Sichtbarkeit erhielten. Heute übernimmt diese Funktion ein System, das nicht nach Bedeutung fragt, sondern nach Bewegung. Klicks, Kommentare und Verweildauer sind seine Signale. Argumente erkennt es nicht. Reizpunkte sehr wohl.

Empörung eignet sich besonders gut für diese Logik. Zustimmung braucht oft Erklärung. Empörung nicht. Ein verkürzter Satz, ein irritierender Ausschnitt oder ein vermeintlicher Fehltritt reichen aus, um Aktivität auszulösen. Wer einen kritischen Beitrag anklickt, bekommt weitere angezeigt. Nicht eine Meinung wird verstärkt, sondern ein Muster aus Reiz, Reaktion und Wiederholung. So entsteht Dynamik, ohne dass jemand sie bewusst steuert.

Zahlreiche vergleichbare Fälle aus sozialen Netzwerken zeigen, wie kurze Videos oder einzelne Aussagen innerhalb weniger Stunden plattformübergreifend zirkulieren. Inhalte werden geteilt, kommentiert, zerschnitten und neu gerahmt, oft losgelöst vom ursprünglichen Kontext. Der Ausgangspunkt verschwindet im Strom. Zurück bleibt ein Nachhall, gespeist nicht durch Diskussion, sondern durch Reibung.

Der endlose Feed kennt keine Pausen. Pushmeldungen ersetzen Distanz. Nutzerinnen reagieren nicht geplant, sondern impulsiv. So entscheidet nicht mehr die Sorgfalt einer Aussage über ihre Reichweite, sondern ihre emotionale Angriffsfläche. Die entstehende Dynamik fühlt sich real an, ist aber das Ergebnis eines Filters, der auf Reaktion trainiert ist, nicht auf Wahrheit.

Hashtag-Logik
Hashtags sind keine Meinungen. Sie funktionieren wie Signale. Sie sagen nicht, was jemand denkt, sondern dass jemand Position bezieht und gehört werden will.

Als digitale Leuchtfeuer bündeln sie Aufmerksamkeit, Erregung und Zugehörigkeit. Sie benötigen weder Redaktion noch Organisation. Wenn ausreichend viele Menschen sie verwenden, entsteht aus einer Markierung ein Strom.

Ein prägnantes Beispiel dafür war der Hashtag #PayUp, mit dem während der Pandemie öffentlicher Druck auf Modeunternehmen ausgeübt wurde, ausstehende Zahlungen an Zulieferer und Produzenten wieder aufzunehmen. Ohne zentrale Steuerung im engeren Sinn, aber mit hoher Sichtbarkeit wurden Marken markiert, verlinkt und direkt adressiert. Innerhalb kurzer Zeit entstand so ein erheblicher öffentlicher Handlungsdruck, der sich weniger aus einer geordneten Debatte als aus der Verdichtung vieler sichtbarer Reaktionen speiste (vgl. Remake 2020; Reuters 2020; Vogue 2020).

Die Stärke von Hashtags liegt in ihrer Ambivalenz. Sie sind konkret genug, um zu mobilisieren, und offen genug, um breite Zustimmung zu ermöglichen. Wer sie nutzt, bezieht Stellung, ohne die gesamte Debatte tragen zu müssen. Das beschleunigt Kommunikation, verschärft sie aber auch. Wer einem Hashtag widerspricht, wirkt schnell, als stelle er sich gegen die Bewegung selbst. Hashtags sind keine Diskussion. Sie sind Verdichtung.

Mediale Rückkopplung

Redaktionen verstehen sich als Beobachter. Doch in Empörungsdynamiken werden sie Teil des Prozesses. Sichtbare Trends, aufgeladene Tweets oder virale Ausschnitte reichen oft aus, um Berichterstattung auszulösen. Nicht aus Sensationslust, sondern aus Anschlussdruck. Niemand möchte die Welle verpassen, wenn sie Fahrt aufnimmt.

So entsteht eine Rückkopplungsschleife: Digitale Empörung wird journalistisch gerahmt und dadurch vergrößert. Sie wandert von Plattformen in Portale, von dort in Pushmeldungen und Talkformate. Jeder Bericht verleiht der Welle neue Reichweite. Selbst kritische Einordnung verstärkt die Dynamik, weil sie das Thema erneut sichtbar macht.

Für Kommunikationsverantwortliche entsteht daraus ein Dilemma. Wer spricht, riskiert Verkürzung. Wer schweigt, riskiert Deutung. Die zentrale Frage lautet nicht mehr nur, was sachlich richtig wäre, sondern welche Form von Präsenz in diesem Moment überhaupt noch tragfähig ist.

Empörung ist kein Beweis. Sie ist ein Signal. Ein Echo, das lauter wird, je mehr Stimmen sich daran beteiligen. Wer sie für Wahrheit hält, verliert Orientierung. Wer erkennt, dass sie Resonanz ist, gewinnt Handlungsspielraum zurück. Nicht, um jede Welle zu brechen. Sondern um vorbereitet zu sein, wenn sie anrollt.

2.4 Psychologische und kommunikative Dynamiken – Wie Anschlusskommunikation entsteht

Empörung verbreitet sich nicht, weil sie recht hat, sondern weil sie eine erkennbare Form annimmt. Digitale Räume prüfen selten die Substanz einer Aussage. Sie reagieren auf Markierungen. Je mehr Menschen etwas als falsch, problematisch oder untragbar kennzeichnen, desto größer wird der Druck, sich dazu zu verhalten. Nicht zwingend aus Überzeugung, sondern weil Außenseitertum sichtbarer geworden ist als Zustimmung.

Anschlusskommunikation folgt dabei häufig einem sozialen Sog. Likes, Retweets und geteilte Screenshots wirken wie sichtbare Eintrittskarten in eine bereits laufende Haltungsgemeinschaft. Viele Beteiligte wissen über den Ursprung einer Debatte nur wenig. Oft genügt der Eindruck, dass ein Thema gerade überall verhandelt wird und dass von den Beteiligten eine erkennbare Positionierung erwartet wird. Wer sich in einem solchen Umfeld nicht äußert, riskiert, als gleichgültig, unsensibel oder verdächtig wahrgenommen zu werden. Beteiligung entsteht dann weniger aus eigener Klarheit als aus der Nähe zu einer bereits sichtbaren Mehrheitsstimmung.

Was daraus entsteht, wirkt nach außen wie Debatte, folgt aber oft eher der Logik eines kollektiven Reflexes. Für Kommunikationsverantwortliche verschiebt sich damit auch der Adressat ihrer Kommunikation. Sie sprechen nicht mehr nur mit einzelnen Personen oder klar umrissenen Gruppen, sondern mit einem sozialen Klima aus Erwartungsdruck, moralischer Aufladung und öffentlicher Anschlussbereitschaft. Gemeint ist ein Umfeld, in dem nicht nur Aussagen bewertet werden, sondern auch Geschwindigkeit, Ton und erkennbare Zugehörigkeit. In einem solchen Klima wirken Nuancen schnell verdächtig, während Zögern bereits als Position gelesen werden kann.

So verfestigen sich Narrative. Zehn Menschen, die das Gleiche sagen, erzeugen keine Wahrheit. Aber sie erzeugen Plausibilität. Plattformlogiken verstärken diesen Effekt, indem sie nicht zeigen, was bedeutsam ist, sondern was gerade viel Aufmerksamkeit erhält. Sichtbarkeit wird zum Ersatz für Prüfung. Wiederholung zum Ersatz für Einordnung.

Empörung funktioniert deshalb nicht nur individuell. Sie funktioniert als kollektive Performance. Wer sich anschließt, signalisiert Zugehörigkeit. Wer widerspricht, riskiert Isolation. Und wer nur zuschaut, ist bereits Teil des Geschehens, weil auch Nicht-Reaktion gelesen wird. In solchen Dynamiken entstehen Erwartungen an Kommunikation, bevor überhaupt klar ist, was gesagt werden könnte, ohne weiteren Schaden zu erzeugen.

Genau hier liegt der Übergang von Analyse zu Handlung. Wer versteht, dass Anschlusskommunikation weniger mit Überzeugung als mit sozialer Absicherung zu tun hat, erkennt, warum klassische Reaktionsmuster oft ins Leere laufen. Es geht nicht mehr nur um Inhalte, sondern um Wahrnehmung von Präsenz, Klarheit und Verlässlichkeit. Diese Einsicht ist keine Lösung. Aber sie ist Voraussetzung dafür, in den ersten Stunden einer Empörungswelle nicht reflexhaft, sondern handlungsfähig zu bleiben.

Wenn Kommunikation die Krise verschärft 3

3.1 Wenn ein Wortspiel zur Lawine wird

Es beginnt mit einem Satz, der harmlos und vertraut klingt, fast so, als sei er beiläufig dahingesagt: „She has great jeans." Im Englischen liegt die Irritation jedoch in der Lautnähe der Wörter jeans und genes. Ausgesprochen klingen sie fast gleich, obwohl das eine Jeanshose meint und das andere Gene. Genau aus dieser akustischen Nähe entsteht die Verschiebung der Lesart. Plötzlich geht es nicht mehr um Kleidung, sondern um Herkunft, Aussehen und um Eigenschaften, die nicht erworben, sondern vererbt sind. So wird aus einem scheinbar leichten Wortspiel eine Deutung, die sehr viel stärker berührt, als es der Satz auf den ersten Blick vermuten lässt.

Die Schauspielerin im Spot lächelt in die Kamera, zieht den Bund ihrer Jeans hoch und spricht von Dingen, die weitergegeben werden. Die Szene ist weich ausgeleuchtet, das Setting auf Glanz poliert. Alles wirkt kontrolliert, glatt, auf Wirkung bedacht. Nichts deutet darauf hin, dass wenige Stunden später ein Streit beginnt, der weit über das Produkt hinausreicht.

Dann tauchen erste Screenshots auf, zunächst vereinzelt, dann in dichter Folge. Auf verschiedenen Plattformen wird der Satz isoliert, kommentiert, weitergereicht. Die Reaktionen reichen von Irritation bis zum Vorwurf einer rassistischen Codierung. Der Wortwitz, so eine Lesart, spiele mit einem Erbe, das nicht allen offenstehe, und reproduziere ein exklusives Schönheitsideal. Andere widersprechen und sehen lediglich ein Spiel mit Sprache. Einen harmlosen Denim-Witz.

Der Fall ist vielfach dokumentiert und medial aufgegriffen worden. Was ihn interessant macht, ist weniger die Frage, welche Lesart „richtig" ist, sondern wie

D. Caroppo, *Die Empörungsfalle – Kommunikation in Zeiten von Cancel Culture*, essentials, https://doi.org/10.1007/978-3-658-51963-6_3

schnell sich die Bedeutung verschiebt. Der ursprüngliche Kontext verliert an Gewicht. Die Deutung gewinnt.

Die Marke reagiert. Schnell und zugleich zu spät. Am dritten Tag, als der Hashtag bereits trendet. Die Antwort besteht aus einer Klarstellung: „It was always about jeans." Kein Innehalten, keine erkennbare Auseinandersetzung mit der Irritation. Die Formulierung wirkt wie ein Schutzschild. Nicht aggressiv, eher abweisend. Als solle eine alternative Lesart gar nicht erst existieren.

Währenddessen verschieben sich die Linien. Medien greifen den Fall auf. Prominente Stimmen mischen sich ein. Politische Akteure entdecken in dem Spot ein Symptom größerer kultureller Konflikte. Auf TikTok entstehen Parodien, die den Satz zerlegen und neu inszenieren. Der ursprüngliche Clip verschwindet im Echo seiner Reaktionen. Zurück bleibt eine neue Frage: Warum klingt die Stimme der Marke, als hätte sie nichts gehört?

Für viele Kommunikationsverantwortliche ist dieser Fall ein Brennglas. Nicht, weil er außergewöhnlich schwer wiegt, sondern weil er zeigt, wie wenig Raum bleibt, wenn ein einzelner Satz als Signal gelesen wird. Aus einem Wortspiel wird eine Deutung. Aus der Deutung ein Vorwurf. Und aus dem Vorwurf eine Loyalitätsfrage.

Am Ende bleibt keine falsche Erklärung, sondern eine Lücke. Ein fehlender Anschluss. Die Marke ringt nicht um das bessere Argument, sondern um die verlorene Verbindung zu denen, die sie erreichen wollte. Einen Satz kann man korrigieren. Die Bedeutungen, die er freisetzt, lassen sich nicht immer einfangen, vor allem dann nicht, wenn sie unbeantwortet bleiben.

3.2 Analyse der häufigsten Fehler

Empörungswellen entzünden sich selten allein an dem, was gesagt wird. Häufig entscheidet der Zwischenton. Das, was ein Satz mitschickt, ohne es auszusprechen. Unter Druck greifen in vielen Organisationen vertraute Reflexe. Nicht aus Unkenntnis, sondern aus dem Wunsch nach Sicherheit. Bestimmte Reaktionsmuster wiederholen sich dabei so regelmäßig, dass man sie fast voraussehen kann. Und doch fühlt sich jede Krise an, als sei sie ein Sonderfall.

Ein häufiges Muster ist das Pendeln zwischen Verharmlosung und Überkorrektur. Auf der einen Seite stehen Sätze, die signalisieren sollen, dass „alles halb so wild" sei. Auf der anderen Seite Texte, die so sorgfältig abgesichert wirken, dass sie jede Nähe verlieren. Beide Varianten schaffen Distanz in einem Moment, in dem Orientierung gebraucht würde. Was fehlt, ist eine Sprache, die Irritation ernst nimmt, ohne sich hinter Floskeln zu verschanzen.

Eng damit verbunden ist das Verschieben von Verantwortung. Formulierungen wie „Es tut uns leid, wenn sich jemand verletzt fühlt“ wirken auf den ersten Blick empathisch, lassen aber offen, wofür genau Verantwortung übernommen wird. Die Ursache rückt in den Hintergrund, die Reaktion der anderen in den Vordergrund. Aus einem möglichen Fehler wird ein Missverständnis. Aus dem eigenen Handeln eine Randnotiz. In der öffentlichen Wahrnehmung entsteht so schnell der Eindruck, dass Absicherung wichtiger ist als Klärung.

Auch Entschuldigungen selbst können ins Leere laufen. Nicht, weil sie falsch wären, sondern weil sie nichts riskieren. Sätze wie „Wir hören zu“ oder „Wir lernen daraus“ sind formal korrekt, bleiben aber folgenlos, wenn sie nicht mit einer erkennbaren Konsequenz verbunden sind. Sie klingen wie Protokolleinträge. Zur Kenntnis genommen, aber nicht erinnert. Was fehlt, ist der Eindruck, dass etwas auf dem Spiel steht.

Ein weiteres wiederkehrendes Muster ist Schweigen, das nicht bewusst gewählt wurde. Schweigen kann Haltung sein, wenn es als Entscheidung erkennbar ist. In vielen Krisen entsteht es jedoch aus Unsicherheit, aus internen Freigabeschleifen oder aus der Angst, etwas Unwiderrufliches zu sagen. Währenddessen formt sich draußen eine Erzählung, die ohne die eigene Stimme auskommt. In den ersten Stunden einer Empörungswelle entscheidet sich oft, welche Version der Wirklichkeit Fuß fasst. Wer hier schweigt, verliert nicht nur Zeit, sondern auch Einfluss.

Am deutlichsten eskaliert die Situation, wenn Organisationen zum Gegenangriff übergehen. Aussagen über „kleine, laute Minderheiten“ oder angeblich überzogene Kritik verschieben den Fokus. Plötzlich geht es nicht mehr um den ursprünglichen Vorwurf, sondern um Tonfall, Machtfragen und Loyalität. Wer sich angegriffen fühlt, zieht sich selten zurück. Er sammelt. Und verteidigt am Ende nicht mehr ein Argument, sondern ein Lager.

Diese Fehler haben selten mit fehlendem Wissen zu tun. Ihre Ursachen liegen tiefer. In Strukturen, die auf Stabilität ausgelegt sind und nun Geschwindigkeit aushalten müssen. In Prozessen, die Sicherheit versprechen und im Ernstfall träge wirken. Und in Routinen, die früher professionell klangen und heute wie Ausweichen gelesen werden.

Deshalb reicht es nicht, diese Muster zu kennen. Entscheidend ist, sie unter Druck zu erkennen. Nicht, um perfekt zu reagieren. Sondern um in Momenten der Verunsicherung nicht reflexhaft in genau jene Sätze zurückzufallen, die kurzfristig schützen und langfristig Vertrauen kosten.

3.3 Warum diese Fehler passieren

Die meisten Fehler in der Krisenkommunikation entstehen nicht aus Unwissen, sondern unter Bedingungen, in denen Wissen nicht mehr abrufbar ist. In ruhigen Momenten könnten viele Verantwortliche problemlos benennen, was angemessen klingt: Verantwortung übernehmen, klar werden, Empathie zeigen. Doch Krisen sind keine ruhigen Momente. Sie sind Verdichtung. Sie sind Lärm. Und sie erzeugen einen Takt, der schneller ist als jede wohlüberlegte Antwort.

Unter diesem Druck wirken mehrere Kräfte gleichzeitig. Sie greifen in Entscheidungen ein, noch bevor sie bewusst getroffen werden. Genau an dieser Stelle verändert sich Sprache.

In der Theorie sind Abläufe klar geregelt. Fachabteilungen prüfen, Kommunikationsstellen formulieren, Führungsebenen entscheiden. In der Praxis entsteht daraus oft ein Kreislauf, in dem jeder Eingriff Spuren hinterlässt. Ein Satz wird gestrichen, ein anderer abgesichert, ein dritter vorsichtig ergänzt. Was als Klärung beginnt, endet nicht selten in sprachlicher Ausdünnung. Zurück bleibt ein Text, der juristisch korrekt ist, aber emotional kaum noch greift.

Diese Verschiebung ist kein Zufall. Sie wird von Angst begleitet. Angst schreibt mit. Sie beeinflusst Wortwahl, Tempo und Ton. Wer erlebt hat, wie ein Halbsatz Wochen später zum Vorwurf wird, vermeidet jede offene Kante. Sprache wird vorsichtig, bis sie fast verschwindet. So entstehen Texte, die alles richtig machen wollen und gerade deshalb leer wirken. Sie passen durch jedes juristische Nadelöhr, aber nicht durch das Ohr der Öffentlichkeit.

Hinzu kommt eine innere Spannung, die viele Organisationen unterschätzen. Rechtliche Logik fragt nach Zulässigkeit. Öffentliche Kommunikation fragt nach Haltung. Was erlaubt ist, deckt sich nicht immer mit dem, was als richtig empfunden wird. In Krisen treffen diese Perspektiven ungebremst aufeinander. Ohne einen gemeinsamen inneren Kompass entsteht ein Text, der für die einen zu offen klingt und für die anderen zu kalt. Er überzeugt niemanden wirklich.

Zeit verschärft diese Effekte. Der erste Kommentar im Netz erscheint oft, bevor intern klar ist, was tatsächlich geschehen ist. Unter diesem Druck wird Sprache reaktiv. Man spricht, um das Schweigen zu füllen. Es entstehen Sätze, die wie Platzhalter wirken. Sie stehen draußen, bevor sie innen verstanden sind. Währenddessen formt sich eine öffentliche Erzählung, die ohne die eigene Stimme auskommt. In den ersten Stunden entscheidet sich oft, welche Version der Wirklichkeit Anschluss findet.

Gleichzeitig wirkt der Wunsch nach Kontrolle. Organisationen mögen keine Lücken. Krisen bestehen aus Lücken. Diese Mischung erzeugt den Impuls, Ordnung herzustellen und Deutung zurückzuholen. Doch der Versuch, Echtzeit mit

Kontrolle zu beherrschen, verschärft häufig die Lage. Defensive Formulierungen sollen schützen, wirken aber wie Mauern. Sie halten ab, statt zu verbinden.

Besonders tückisch ist dabei die Filterblase nach innen. Führungskräfte bewegen sich oft in Räumen, in denen ihre Sicht geteilt oder vorweggenommen wird. In diesem Klangraum erscheint die eigene Deutung selbstverständlich, Kritik von außen überzogen. So entsteht eine Sprache, die nach innen plausibel wirkt und nach außen verschließt. Stellungnahmen sprechen dann nicht zum öffentlichen Raum, sondern zum eigenen Flur.

Die Fehler dieses Kapitels entstehen nicht aus mangelnder Professionalität. Sie entstehen aus Strukturen, Reflexen und Erwartungen, die in Krisen anders greifen als im Alltag. Wer ihnen begegnen will, braucht kein perfektes Handbuch, sondern Vorbereitung, die Haltung formt. Nicht im Moment der Welle, sondern davor. Denn in der Krise entsteht keine neue Sprache. Man spricht die, die man bereits hat.

3.4 Typische Fallstricke der Krisenkommunikation

Krisenkommunikation scheitert selten an fehlender Kompetenz. Sie scheitert daran, dass Öffentlichkeit und Organisation in unterschiedlichen Wirklichkeiten agieren. Was intern als verantwortungsvoller Prüfprozess gilt, wirkt extern wie Untätigkeit. Was intern als juristisch klug empfunden wird, klingt außen schnell nach moralischer Kälte. Die Fallstricke entstehen nicht in einem Moment, sondern im allmählichen Auseinanderdriften dieser beiden Räume.

Empörung verändert, wie Sprache gelesen wird. Bedeutungen beschleunigen sich. Ein Satz hat kaum noch Zeit, sich zu entfalten. Er landet nicht mehr in Gesprächen, sondern in Feeds, in denen er isoliert betrachtet wird. Er wird nicht beantwortet, sondern gerahmt. Dieses Framing ist schneller als jede Erklärung. Ab diesem Punkt entscheidet nicht mehr der ursprüngliche Inhalt über seine Wirkung, sondern der Kontext, den andere ihm geben.

Öffentlichkeit denkt nicht in Aktenzeichen, sondern in Signalen. Wer spricht, sendet immer mehr als Information. Ton und Timing werden selbst zu Aussagen. Ein neutral gemeinter Satz kann als Haltung gelesen werden. Ein formal korrekter Satz als Ausweichbewegung. Sprache verliert ihren reinen Werkzeugcharakter. Sie wird Projektionsfläche für Erwartungen, Verletzungen und moralische Zuschreibungen. Das macht sie fragiler als früher, aber auch folgenreicher.

In dieser Lage entstehen typische Fehlentscheidungen. Nicht aus Fahrlässigkeit, sondern aus dem Versuch, vertraute Ordnung zu bewahren. Wer zu lange prüft, wirkt realitätsfern. Wer zu schnell spricht, riskiert neue Missverständnisse. Wer ausführlich erklärt, verstärkt mitunter die Kritik. Wer knapp bleibt, nährt

Misstrauen. Die klassischen Gegensätze verlieren ihre Eindeutigkeit. In der Krise kann man zugleich zu früh und zu spät sein.

In vielen öffentlich diskutierten Fällen zeigt sich dieses Muster. Juristisch differenzierte Argumentationen, die in Fachkreisen tragfähig sind, werden im digitalen Raum zu Identitätssignalen. Einzelne Halbsätze lösen sich aus ihrem Zusammenhang, werden verkürzt, zugespitzt und weitergetragen. Was als Differenzierung gedacht war, wirkt plötzlich wie Festlegung. Der digitale Raum verteilt keine Zwischentöne. Er erzeugt Schlaglichter. Öffentliche Erwartungen wachsen schneller als Verfahren, die ihnen eigentlich gerecht werden sollen. Rückzüge erfolgen dann nicht, weil Argumente widerlegt wären, sondern weil ihre Taktung nicht zur Taktung der Empörung passt.

Was hier sichtbar wird, reicht über einzelne Fälle hinaus. Es zeigt eine grundlegende Verschiebung öffentlicher Kommunikation. Sie reagiert nicht nur auf Inhalte, sondern auf symbolische Plausibilität. Ein Satz muss nicht falsch sein, um gefährlich zu werden. Es genügt, wenn er als Bestätigung eines bestehenden Misstrauens gelesen wird. Trifft ein vorbereiteter Deutungsrahmen auf einen passenden Halbsatz, entscheidet das Narrativ über die Bedeutung. Nicht die Sprecherin. Nicht die Fakten.

Auf dem Spiel steht mehr als Reputationsmanagement. Es geht um Handlungsspielräume. Wenn Öffentlichkeit schneller ist als Erklärung, wird Kommunikation zum Reparaturbetrieb. Man reagiert nicht mehr auf Kritik, sondern auf deren Folgen. Man erklärt nicht mehr, was man meint, sondern warum man nicht das meint, was andere in die eigenen Worte hineinlesen. Das ist kein Streit um Wahrheit. Es ist ein Ringen um Deutungskorridore, die sich schließen, bevor man sie betreten kann.

Die entscheidende Frage lautet daher nicht, wie Fehler vermieden werden. Sie lautet, wie sprachliche Räume entstehen, in denen Fehler nicht sofort als Identitätsbeweis gelten. Räume, in denen Kontext möglich bleibt. Räume, in denen eine Erklärung nicht automatisch als Verteidigung gelesen wird. Diese Räume entstehen nicht im Moment der Krise. Sie entstehen vorher. In der Art, wie eine Organisation spricht, wenn niemand hinsieht. In der Klarheit, die vorhanden ist, bevor sie gebraucht wird.

Krisenkommunikation ist deshalb weniger die Fähigkeit, im Ausnahmezustand zu funktionieren, als die Fähigkeit, vorab zu wissen, wofür man stehen kann. Die Fallstricke zeigen, wo diese Vorarbeit fehlt. Nicht als Vorwurf. Als Diagnose.

Wer nicht weiß, wie er klingt, wenn es leise ist, hat keine Sprache, wenn es laut wird.

3.5 Was stattdessen helfen kann

In Krisen lässt sich nicht verhindern, dass Fehler passieren. Doch man kann verhindern, dass sie zur einzigen Geschichte werden. Wirksame Gegenstrategien entstehen nicht aus perfekten Formulierungen, sondern aus Haltung. Aus der Fähigkeit, im richtigen Moment sichtbar zu sein. Und aus dem Bewusstsein, dass Sprache nicht nur erklärt, sondern Wirkung entfaltet.

Klarheit. Eine Haltung, die gehört werden kann
Klarheit heißt nicht Härte, sondern den Kern einer Botschaft so auszusprechen, dass er auch dann erkennbar bleibt, wenn Zitate verkürzt oder Bilder aus dem Zusammenhang gerissen werden. Als REWE im November 2022 während der Debatte um die One-Love-Binde die Kooperation mit dem DFB beendete beziehungsweise den Vertrag mit sofortiger Wirkung ruhend stellte, geschah das ohne erkennbare Ausweichformeln. Der Schritt wurde nicht rhetorisch verkleidet, sondern offen begründet. Gerade deshalb blieb die Haltung des Unternehmens auch am nächsten Tag in der Berichterstattung klar erkennbar. Sie ließ sich nur schwer umdeuten, weil sie nicht im Modus des Konjunktivs, sondern als eindeutige Entscheidung kommuniziert worden war (vgl. REWE Group 2022; ZEIT 2022; Kicker 2022).

Kontext selbst setzen, bevor andere ihn erfinden
In sozialen Medien verbreitet sich der erste Deutungsrahmen oft schneller als die erste belastbare Einordnung. Wer die eigene Geschichte früh erklärt, gewinnt deshalb Zeit. Als Lufthansa wegen ihrer CO_2-Kompensationsangebote und entsprechender Umweltversprechen kritisiert wurde, reagierte das Unternehmen unter anderem mit einer vergleichsweise offenen Erläuterung dazu, wie solche Angebote berechnet werden, welche Rolle alternative Kraftstoffe spielen und wo die Grenzen klassischer Klimaschutzprojekte liegen. Das wirkte weniger wie ein Abwehrreflex als wie der Versuch, ein umstrittenes Angebot nachvollziehbar zu machen. Die Debatte verschwand dadurch nicht, aber das einfache Schwarz-Weiß-Muster verlor an Eindeutigkeit, und weitere Verzerrungen ließen sich zumindest teilweise bremsen (vgl. Lufthansa o. J.; Miles und More o. J.; BEUC 2023).

Tempo. Schnell sein, ohne atemlos zu wirken
Geschwindigkeit ist nicht der Feind von Sorgfalt. Eine frühe Reaktion kann ein Zwischenstand sein. Sie signalisiert Präsenz. Während der Flutkatastrophe 2021 informierte das Technische Hilfswerk regelmäßig über eingesetzte Kräfte,

betroffene Gebiete und Anlaufstellen. Vieles war vorläufig. Manches unvollständig. Aber die Botschaft „Wir sind da“ wog in diesem Moment schwerer als eine perfekte Aufzählung. Sie wirkte nicht hektisch. Sie wirkte verantwortlich.

Sprache als Verhalten

In Krisen wird Sprache zur ersten Probe auf Glaubwürdigkeit. Bei der BVG zeigte sich in der öffentlichen Kommunikation rund um Störungen und Verspätungen, wie stark direkte, ungeschönte Entschuldigungen wirken können. Entscheidend war dabei weniger Eleganz als die erkennbare Bereitschaft, Ärger nicht kleinzureden und Verantwortung sprachlich nicht zu verwässern (vgl. Berliner Morgenpost 2018).

Das PR-Schild ablegen, wenn es blockiert

Es gibt Momente, in denen professionelle Distanz eher hemmt als schützt. Dann kann ein bewusster Tonwechsel helfen, nicht ins Private, aber ins Persönliche. Gerade bei Lieferengpässen oder anderen alltagsnahen Störungen wirkt Kommunikation dann glaubwürdiger, wenn Verantwortung sichtbar übernommen und nachvollziehbar erklärt wird, was geschieht, was unklar ist und welche Schritte folgen. Offenheit löst den Ärger nicht auf. Sie kann aber verhindern, dass aus Frust zusätzlich Misstrauen wird.

Vorbereitung als stille Reserve

Viele Probleme entstehen, weil Sprache in der Krise erst gesucht wird. Vorbereitung ist kein Versuch, jede Wendung vorherzusehen. Sie sorgt dafür, dass eine Wendung nicht überrascht, wenn sie kommt. Wer vorher Szenarien durchspielt, Zuständigkeiten klärt und die eigene Angreifbarkeit realistisch einschätzt, verfügt über einen Puffer. Wer weiß, welche Sätze, Bilder oder Entscheidungen aus dem Zusammenhang gerissen werden könnten, reagiert schneller. Und wirkt nicht wie jemand, der zum ersten Mal von sich hört.

Ein leiser Schluss, kein Fazit

Hilfe in der Krisenkommunikation heißt, mit offenen Handlungsspielräumen zu arbeiten, solange es sie noch gibt. Risiken verschwinden dadurch nicht. Aber sie verengen sich weniger schnell. Klarheit, Kontext und Tempo garantieren keinen Erfolg. Aber sie stabilisieren das Fundament. Damit die eigene Version der Geschichte nicht nur hinterherläuft, sondern rechtzeitig eine Stimme hat.

Manchmal reicht das nicht für einen Sieg.

Aber es reicht, um nicht verloren zu gehen.

3.6 Erlebte Praxis – eine Unternehmerin in der Kommunikationskrise

Eine Unternehmerin aus dem Südwesten beschreibt einen Moment, in dem jede Routine ins Leere lief. Es war ein Freitagvormittag, eine interne Veranstaltung stand kurz bevor, vieles war vorbereitet. Dann kam ein Anruf einer großen Tageszeitung. Wenige Minuten später ein regionaler Radiosender. Fast zeitgleich meldete sich das Social-Media-Team mit dem Hinweis, dass ein internes Dokument auf X (ehemals Twitter) kursierte. Zu diesem Zeitpunkt war noch unklar, wie es dorthin gelangt war. Klar war nur eines: Der weitere Verlauf des Tages ließ sich nicht mehr planen.

Die ersten Anfragen zielten nicht auf Aufklärung. Sie zielten auf Positionierung. „Wie stehen Sie dazu?", war die wiederkehrende Frage, noch bevor intern belastbare Informationen vorlagen. Der Impuls, Zeit zu gewinnen, war naheliegend. Ebenso der Gedanke, mit einem möglichst unverfänglichen Satz zu reagieren. Beides erwies sich als problematisch. Nicht, weil es falsch gewesen wäre, prüfen zu wollen. Sondern, weil die entstehende Leerstelle sofort gefüllt wurde. Von Mutmaßungen, Zuschreibungen und Erwartungen.

Was half, war kein ausgefeilter Text, sondern ein früher, klarer Satz, der keine Antworten simulierte:

„Wir sehen das Problem. Wir prüfen, wie es dazu kommen konnte, und wir melden uns noch heute."

Keine juristische Absicherung. Keine sprachliche Abschottung. Nur die Zusage, erreichbar zu bleiben. Dieser Satz stoppte die Dynamik nicht. Aber er verhinderte, dass andere die Deutung vollständig übernahmen.

Die ausführliche Einordnung folgte später, als intern mehr Klarheit bestand. Doch der entscheidende Moment lag deutlich früher. In den ersten Minuten, in denen sichtbar wurde, ob jemand präsent ist oder abtaucht. In dieser Phase war Sichtbarkeit wichtiger als Präzision. Präsenz wichtiger als Vollständigkeit.

Rückblickend beschreibt die Unternehmerin ihre wichtigste Erkenntnis so: In Krisen zählt manchmal weniger, was gesagt wird, als dass jemand spricht, der Verantwortung trägt. Die Angst, sich zu früh festzulegen, bleibt. Das größere Risiko liegt darin, nicht stattzufinden.

Diese Beobachtung deckt sich mit dem, was viele Kommunikationsverantwortliche berichten. In den ersten sechzig Minuten geht es selten um endgültige Antworten. Es geht um Orientierung. Um die Frage, ob jemand bereit ist, den Raum zu betreten, bevor er von anderen besetzt wird. Wer in dieser Phase erreichbar bleibt, gewinnt keinen Applaus. Aber er verliert auch nicht die Verbindung.

3.7 Vom Erkennen zum Handeln

Die Beispiele dieses Kapitels zeigen, wie schmal der Grat zwischen Deeskalation und Eskalation geworden ist. Fehler entstehen dabei selten aus bösem Willen. Sie entstehen aus Routinen, die lange funktioniert haben und unter Druck ihre Wirkung verlieren. Wer in diesen Momenten die falsche Abzweigung nimmt, verliert nicht nur die Kontrolle über die Geschichte. Er verliert Zeit. Und Zeit kehrt in Krisen nicht zurück.

Analyse allein reicht deshalb nicht aus. Sie bleibt Beobachtung, solange sie nicht in Entscheidung übersetzt wird. Der entscheidende Schritt liegt darin, die Dynamik einer Empörungswelle früh zu erkennen und sich so zu positionieren, dass Handlungsspielräume offen bleiben. Nicht durch Aktionismus, sondern durch bewusste Setzungen zu einem Zeitpunkt, an dem noch nicht alles festgelegt ist.

Genau hier entscheidet sich, ob Kommunikation lediglich reagiert oder den Verlauf mitprägt. In den ersten Minuten geht es selten um vollständige Antworten. Es geht um Orientierung. Um Präsenz. Um die Frage, ob jemand bereit ist, Verantwortung sichtbar zu übernehmen, bevor Deutungen festgeschrieben sind. Wer diese Phase verpasst, spricht später oft nur noch über Folgen.

Handeln heißt in diesem Zusammenhang nicht, sofort alles zu sagen. Es heißt, die eigene Rolle anzunehmen, bevor sie von anderen definiert wird. Ein früher Satz, der nichts verspricht und dennoch Verbindlichkeit zeigt, kann mehr bewirken als eine perfekte Erklärung zur falschen Zeit. Wer hier zögert, verliert nicht an Präzision, sondern an Einfluss.

4 Was in der Krise kommunikativ trägt

4.1 Dialog und Deeskalation

Die erste Reaktion entscheidet, ob eine Organisation im Sturm überhaupt wahrgenommen wird. Danach beginnt eine andere Phase. Jetzt geht es nicht mehr um Sichtbarkeit allein, sondern um Anschluss. Wer glaubt, ein einzelnes Statement reiche aus, unterschätzt die Dynamik digitaler Öffentlichkeit. Ein Satz kann einen Moment stabilisieren. Für den weiteren Verlauf genügt er selten.

Deeskalation bedeutet nicht Rückzug oder Unterwerfung. Sie bedeutet, den kommunikativen Raum so zu gestalten, dass über eine Organisation nicht nur gesprochen wird, sondern auch mit ihr. Dafür braucht es Dialog. Nicht als Geste, sondern als Haltung. Nicht als PR-Format, sondern als Bereitschaft, Angreifbarkeit auszuhalten.

Offene Formate statt abgeschlossener Botschaften

In der zweiten Phase einer Krise wirkt Kommunikation oft gerade dann stabilisierend, wenn sie nicht so tut, als sei bereits alles gesagt. Viele Organisationen reagieren an dieser Stelle noch immer mit dem Reflex, möglichst schnell eine vollständige, belastbare und abschließende Botschaft formulieren zu wollen. Genau das gelingt in angespannten Lagen jedoch selten. Wer zu früh nach Endgültigkeit klingt, obwohl zentrale Fragen noch offen sind, riskiert einen neuen Vertrauensverlust.

Tragfähiger sind in solchen Situationen offene Formate, die Bearbeitung sichtbar machen, ohne Sicherheit zu simulieren. Gemeint sind regelmäßige Updates, klar benennbare Ansprechpartner, transparente Zwischenschritte und die erkennbare Bereitschaft, auch vorläufige Informationen als vorläufig zu kennzeichnen.

D. Caroppo, *Die Empörungsfalle – Kommunikation in Zeiten von Cancel Culture*, essentials, https://doi.org/10.1007/978-3-658-51963-6_4

Solche Formen wirken unspektakulär. Gerade deshalb sind sie oft wirksam. Sie signalisieren, dass eine Lage nicht nur verwaltet, sondern tatsächlich bearbeitet wird.

Für Betroffene, Beobachtende und Medien liegt darin ein wichtiger Unterschied. Wer in einer Krise gar nichts hört, erlebt schnell Kontrollverlust. Wer nur fertige Botschaften bekommt, misstraut ihrer Glätte. Ein offenes Format schafft dazwischen einen dritten Raum. Es sagt nicht: Alles ist geklärt. Es sagt: Wir sind dran, wir sehen die offenen Punkte, und wir machen kenntlich, was wir bereits wissen, was wir noch prüfen und wann der nächste belastbare Stand folgt. Genau diese Form von Kommunikation nimmt Tempo aus der Empörung, ohne sie kleinzureden. Sie ersetzt das Gefühl des Alleingelassenseins nicht durch Beruhigung, sondern durch Orientierung.

Das ist mehr als ein technisches Verfahren. Es ist eine Haltung zur Unsicherheit. Offene Formate akzeptieren, dass Krisen nicht in einem einzigen Satz aufgelöst werden können. Sie geben Öffentlichkeit deshalb nicht die Illusion eines Endpunkts, sondern eine nachvollziehbare Form des Dabeibleibens. Für Kommunikationsverantwortliche ist das anspruchsvoll, weil solche Formate weniger Kontrolle versprechen und mehr Disziplin verlangen. Sie müssen regelmäßig, konsistent und sprachlich sauber geführt werden. Gerade darin liegt aber ihre Stärke. Sie halten die Verbindung aufrecht, auch dann, wenn die Lage noch nicht befriedet ist.

Klarheit ohne Überhöhung

Dialog ist kein Synonym für Beliebigkeit. Gerade nach der ersten Reaktion erwarten viele Klarheit. Nicht als Pathos, sondern als überprüfbare Position. Entscheidungen wirken dann tragfähig, wenn sie begründet werden können, ohne sich zu rechtfertigen. Sprache, die ruhig bleibt und auf Überhöhung verzichtet, wirkt oft verbindlicher als große Gesten.

Ein solcher Ton entsteht nicht im Kommunikationskonzept, sondern in der inneren Klarheit darüber, wofür man steht und wofür nicht. Organisationen, die ihre Werte nur dann betonen, wenn sie folgenlos bleiben, verlieren in dieser Phase schnell an Glaubwürdigkeit.

Nicht kleinlaut werden

Ein häufiges Missverständnis besteht darin, Dialog mit Nachgiebigkeit zu verwechseln. Wer jede Kritik reflexhaft bestätigt, wirkt nicht offen, sondern unsicher. Deeskalation verlangt Unterscheidungsfähigkeit. Fehler können eingeräumt werden. Abläufe lassen sich korrigieren. Grundsätze jedoch müssen stehen bleiben. Wer sie im Dialog relativiert, zahlt später einen höheren Preis.

Das unsichtbare Publikum
Dialog richtet sich selten an die lautesten Stimmen. Er richtet sich an ein zweites Publikum. Die vielen, die mitlesen, ohne sich zu äußern. Diese stille Mitte entscheidet nicht über Hashtags, sondern über Vertrauen. Sie beobachtet, ob jemand erreichbar bleibt, zuhört und Verantwortung übernimmt.

Genau hier entfalten Dialogformate ihre Wirkung. Nicht durch Zustimmung, sondern durch Wiedererkennbarkeit. Nicht durch Perfektion, sondern durch Präsenz.

Ein leiser Schluss
Deeskalation gelingt nicht durch rhetorische Brillanz. Sie gelingt durch Kommunikation, die Nähe, Offenheit und Verbindlichkeit zulässt, ohne sich selbst aufzugeben. Wer diese Phase beherrscht, verändert die Logik einer Krise. Weg vom Muster Angriff gegen Verteidigung. Hin zu einem Gespräch, das nicht alles befriedet, aber Orientierung ermöglicht.

Damit ist der Boden bereitet für das nächste Kapitel. Denn es gibt Situationen, in denen diese Prinzipien nicht nur theoretisch tragen, sondern nachweislich Wirkung entfalten.

4.2 Erfolgreiche Gegenstrategien – Fallstudie Germanwings

Am 24. März 2015 stürzt eine Maschine der Lufthansa-Tochter Germanwings in den französischen Alpen ab. Alle 150 Menschen an Bord kommen ums Leben. Schon kurz nach dem Absturz beginnt die öffentliche und mediale Dynamik: Erste Meldungen erscheinen, Bilder zirkulieren, Spekulationen setzen ein. Noch bevor intern ein belastbares Lagebild vorliegt, entsteht eine digitale Öffentlichkeit, die Antworten erwartet (vgl. Lufthansa Group 2015; BEA 2015a, 2016).Dieser zeitliche Vorsprung der Öffentlichkeit ist entscheidend. Er macht klassische interne Taktungen wirkungslos und zwingt Organisationen, unter maximaler Unsicherheit handlungsfähig zu bleiben.

Eine klare Stimme im Chaos
Noch am selben Tag richtet der Konzern eine eigene Krisenseite ein, die im regulären Betrieb nicht sichtbar ist. Sie enthält keine Imageelemente, keine Einordnung, keine Beruhigungsversuche. Stattdessen bündelt sie bestätigte Fakten, Notfallnummern und konkrete Anlaufstellen für Angehörige.

Dieser Schritt hatte weniger mit Kommunikation im engeren Sinne zu tun als mit Orientierung. Er verhinderte, dass Betroffene und Beobachtende auf Gerüchte angewiesen waren. Das Unternehmen blieb erreichbar, ohne Deutung vorwegzunehmen.

Worte, die nicht polieren

Kurz darauf tritt Lufthansa-Chef Carsten Spohr vor die Presse und sagt:

„Es ist der schwärzeste Tag in der 60-jährigen Geschichte unserer Lufthansa."

Der Satz verzichtet auf Absicherung. Er erklärt nichts, relativiert nichts und versucht nicht, Kontrolle zu simulieren. Er benennt den Moment. Genau darin lag seine Glaubwürdigkeit.

Empathie als Handlung

Parallel zur öffentlichen Kommunikation aktiviert der Konzern das CARE-Team, das Angehörige begleitet, Reisen organisiert und persönliche Ansprechpartner bereitstellt. Diese Maßnahmen waren kein Begleitprogramm zur Pressearbeit. Sie waren selbst Teil der Kommunikation. Denn jede noch so präzise Pressekonferenz wäre entwertet worden, wenn Menschen im entscheidenden Moment keine Unterstützung erfahren hätten.

In solchen Situationen wird sichtbar, dass Kommunikation nicht nur aus Sprache besteht. Sie zeigt sich im Verhalten.

Umgang mit Ungewissheit

Mit fortschreitender Berichterstattung wächst der Druck, Ursachen zu benennen. Auch hier folgt der Konzern einer klaren Linie. Es wird gesagt, was bekannt ist. Und markiert, was offen bleibt. Spekulationen werden vermieden, selbst dort, wo sie öffentlich bereits kursieren.

Als sich Hinweise verdichten, dass der Co-Pilot den Absturz absichtlich herbeigeführt haben könnte, bleibt diese Linie bestehen. Keine Vorwegnahme juristischer Bewertungen. Keine Relativierungen. Nur die Trennung zwischen gesichertem Wissen und offenen Fragen. Diese Transparenz war angreifbar. Sie wirkte für manche unzureichend. Gleichzeitig entzog sie vielen Gerüchten den Nährboden.

Was diesen Fall lehrreich macht

Der Germanwings-Absturz ist keine Erfolgsgeschichte. Er kennt keinen positiven Ausgang. Und doch wird er bis heute in der Kommunikationspraxis als Referenz herangezogen. Nicht wegen einzelner Sätze, sondern wegen der Konsequenz, mit der Präsenz, Zurückhaltung und Fürsorge zusammengedacht wurden.

Auffällig ist, dass sich die öffentliche Kritik weniger auf die Kommunikation selbst richtete als auf strukturelle Fragen von Sicherheit und Verantwortung. Die Kommunikation wurde nicht zur zweiten Krise.

Nachhall
Auch Jahre später wird dieser Fall in Seminaren und Ausbildungen diskutiert. Nicht aus historischer Distanz, sondern weil er zeigt, dass Haltung, Sprache und Handeln Wirkung entfalten können, selbst dort, wo nichts mehr zu retten ist.

Krisenkommunikation bedeutet in solchen Momenten nicht, Chaos zu beherrschen. Sie bedeutet, ihm eine Stimme zu geben, ohne es zu verzerren. Und den Betroffenen einen Ort, an dem sie nicht allein bleiben.

4.3 Prinzipien einer widerstandsfähigen Kommunikation

Krisen gleichen sich selten. Ein Shitstorm folgt anderen Regeln als ein Unfall. Ein Datenleck entfaltet eine andere Dynamik als ein moralischer Vorwurf. Und doch lassen sich Muster erkennen. Wer die vorangegangenen Fälle nebeneinanderlegt, sieht ein Gerüst, das trägt. Nicht unabhängig von Kontext, aber stabil genug, um Orientierung zu geben, wenn Routinen versagen.

Präsenz schlägt Perfektion
In den ersten Stunden entscheidet sich, ob eine Organisation im öffentlichen Raum wahrnehmbar bleibt oder in der Stille verschwindet. Schweigen wirkt heute selten wie Besonnenheit. Es wird als Abwesenheit gelesen. Frühe Kommunikation ersetzt keine Wahrheit, aber sie markiert Verantwortung. Sie zeigt, dass jemand erreichbar ist, auch wenn Antworten noch fehlen.

In solchen Momenten genügt oft ein begrenztes Signal. Kein Abschluss, kein Versprechen. Eine Verabredung mit der Öffentlichkeit, präsent zu bleiben.

Transparenz statt Ausweichbewegung
Nicht zu wissen, ist kein Makel. So zu tun, als wüsste man mehr, ist einer. Der offene Umgang mit Unklarheiten schützt häufig besser als jede Schutzformel. Wer Lücken benennt, begrenzt den Raum für Spekulation. Wer sie verdeckt, lädt zur Deutung ein.

Diese Form von Transparenz verhindert keine Krise. Aber sie verändert ihren Verlauf. Sie verschiebt den Fokus von Verdacht auf Einordnung und hält Gespräche offen, statt sie zu verhärten.

Empathie als Teil der Sache
Jede Krise betrifft Menschen. Diese Betroffenheit ist kein Beiwerk, sondern Teil des Geschehens. Empathie bedeutet nicht Pathos. Sie zeigt sich darin, ob sichtbar wird, dass Verantwortung nicht abstrakt bleibt. Sprache allein reicht hier nicht. Entscheidend ist, ob Handeln und Worte zusammenpassen.

Dort, wo Fürsorge erkennbar wird, verliert Empörung oft an Schärfe. Nicht sofort, aber nachhaltig.

Konsistenz unter Veränderung
Krisen entwickeln sich. Fakten ändern sich. Einschätzungen müssen korrigiert werden. Widerstandsfähige Kommunikation hält dennoch einen erkennbaren Kern. Sie erklärt Richtungswechsel, statt sie still zu vollziehen. Korrekturen sind erwartbar. Widersprüche ohne Einordnung beschädigen Vertrauen.

Orientierung entsteht nicht aus Fehlerfreiheit, sondern aus Wiedererkennbarkeit.

Nachbereitung als Teil der Kommunikation
Wenn die mediale Aufmerksamkeit nachlässt, beginnt eine Phase, die oft unterschätzt wird. Krisen verschwinden schneller aus Schlagzeilen als aus Organisationen. Wer sie nach außen für erledigt erklärt, bevor intern Konsequenzen gezogen wurden, riskiert Wiederholung.

Reflexion, sichtbare Anpassungen und die Bereitschaft, aus Fehlern zu lernen, entscheiden darüber, ob eine Krise als Bruch in Erinnerung bleibt oder als Wendepunkt. Kommunikation ist hier kein Abschluss. Sie ist Begleitung.

Diese Prinzipien sind kein Rezept. Sie ersetzen keine Entscheidungen. Aber sie bieten Halt, wenn Automatismen nicht mehr greifen.

Am Ende ist jede Krise ein Testfall für Glaubwürdigkeit.

Nicht für die richtige Formulierung.

Sondern für die Frage, ob eine Organisation auch unter Druck noch erkennbar bleibt.

4.4 Kommunikation als Haltung – nicht als Technik

Am Ende jeder Checkliste, jedes Krisenplans und jedes vermeintlich sicheren Verfahrens bleibt eine nüchterne Einsicht: Kommunikation ist kein Werkzeugkoffer. Sie ist Ausdruck dessen, wer man ist, wenn es darauf ankommt.

Krisen machen sichtbar, was im Alltag oft verdeckt bleibt. Nähe zu Kundinnen und Kunden, Verantwortung gegenüber der Gesellschaft, Respekt vor Menschen.

Solche Haltungen lassen sich im Normalbetrieb behaupten. Unter Druck zeigt sich, ob sie tragen. Darstellung fällt weg. Übrig bleibt, was gemeint ist.

Wer in solchen Momenten nach Technik sucht, greift zu kurz. Tempo, Transparenz, Empathie, Konsistenz und Nachbereitung sind keine Schalter, die man umlegt, wenn es ernst wird. Sie folgen einem Selbstverständnis. Eine Organisation, die intern nicht zuhört, wird nach außen keine glaubwürdige Dialogbereitschaft entwickeln. Wer Kommunikation sonst als Pflichtübung versteht, wird in der Krise keine Haltung finden, die trägt.

Widerstandsfähige Kommunikation entsteht deshalb nicht allein durch Strategien, sondern durch Kultur. Haltung heißt, zu wissen, wofür man steht, und das auch dann auszuhalten, wenn es unbequem wird. Sie zeigt sich nicht erst im Statement, sondern in der Art, wie Entscheidungen vorbereitet, Konflikte geführt und Verantwortung übernommen werden, lange bevor eine Krise sichtbar wird.

Kommunikation ist in diesem Sinn keine Reaktion, sondern eine Bewährungsprobe. Nicht die Sprache muss perfekt sein. Das Fundament muss tragen. Wo Worte und Handeln übereinstimmen, entsteht Glaubwürdigkeit, auch wenn Fehler passieren. Wo diese Übereinstimmung fehlt, helfen keine Formulierungen.

Was sich durch die vorangegangenen Kapitel zieht, ist eine wiederkehrende Erfahrung: Es sind nicht die glattesten Sätze, die bleiben, sondern die ehrlichen. Nicht die perfekte Erklärung erzeugt Vertrauen, sondern die erkennbare Übereinstimmung von Wort und Tat.

Wer das verstanden hat, geht nicht unversehrt aus Krisen hervor. Aber integer.

5 Prävention und Lernkultur

5.1 Monitoring und Frühwarnsysteme

Resilienz beginnt nicht mit einem Plan. Sie beginnt mit Zuhören. Nicht punktuell. Und nicht erst dann, wenn es laut wird. Sondern als dauerhafte Aufmerksamkeit für Tonlagen, Verschiebungen und Irritationen, die noch keinen Namen haben.

Viele Organisationen verstehen unter Monitoring eine technische Funktion: ein Dashboard, ein Alarm, eine morgendliche Presseschau. Doch Empörung wächst selten entlang klarer Linien. Sie entsteht aus Fragmenten. Aus einem Kommentar, der hängen bleibt, aus einem Screenshot, der weitergereicht wird, aus einem Satz, der anders gelesen wird, als er gemeint war. Wer erst reagiert, wenn Zahlen steigen, reagiert zu spät.

Digitale Krisen entwickeln sich nicht linear. Sie verdichten sich. Und sie tun das oft dort, wo klassische Instrumente nicht hinschauen. In Kommentarspalten unter fremden Beiträgen. In halböffentlichen Gruppen. In ironischen Nebenbemerkungen, die plötzlich Anschluss finden. Wer nur misst, was sichtbar ist, übersieht das, was wirksam wird.

Ein Beispiel dafür, wie Zuhören Teil einer kommunikativen Haltung sein kann, zeigt sich im Umgang von IKEA mit Alltagskritik. Beschwerden über fehlende Teile oder beschädigte Ware werden dort nicht ausschließlich in private Kanäle verschoben, sondern häufig öffentlich aufgegriffen. Nicht immer elegant. Nicht immer fehlerfrei. Aber erkennbar präsent. Diese Form der Reaktion verhindert Kritik nicht: Ärger wird Gespräch, bevor er sich verhärtet.

Das Gegenbild ist verbreitet. Organisationen, die nur reagieren, wenn Reichweite entsteht, erleben Eskalationen als Überraschung. Sie glauben, keine Rückmeldungen seien gute Nachrichten, und bemerken nicht, dass sich die Deutung

D. Caroppo, *Die Empörungsfalle – Kommunikation in Zeiten von Cancel Culture*, essentials, https://doi.org/10.1007/978-3-658-51963-6_5

längst außerhalb ihres Sichtfelds formt. Wenn dann der Alarm losgeht, bleibt nur noch Reparatur. Jeder Satz wirkt defensiv. Jede Erklärung verspätet.

Monitoring ist deshalb keine technische Frage. Es ist eine Frage der inneren Bereitschaft, sich irritieren zu lassen. Wer Kritik nur als Störung begreift, blendet sie aus. Wer sie als frühes Signal versteht, erkennt Muster, bevor sie kippen. Dabei hilft keine Illusion von Vollständigkeit. Kein System sieht alles. Resilienz entsteht nicht aus lückenloser Kontrolle, sondern aus Gespür. Aus der Fähigkeit zu merken, wenn Themen ihre Temperatur verändern, Tonfälle kippen,. Fragen moralisch aufgeladen werden, obwohl sie sachlich beginnen.

Zuhören heißt nicht, jedem Einwand zu folgen. Es heißt, ernst zu nehmen, dass Öffentlichkeit längst vor der Pressekonferenz stattfindet. Wer das akzeptiert, gewinnt Zeit. Nicht zur Rechtfertigung. Sondern zur Klärung.

Monitoring ist kein Schutzschild. Es verhindert keine Krise. Aber es entscheidet darüber, ob eine Organisation überrascht wird oder vorbereitet ist. Genau an dieser Stelle beginnt der Übergang zur eigentlichen Arbeit: eine Kultur, die Kritik nicht verwaltet, sondern verarbeitet. Darum geht es im nächsten Kapitel.

5.2 Kultur der Offenheit und Fehlerfreundlichkeit

Ein Frühwarnsystem nützt nichts, wenn eine Organisation taub für Kritik ist. Man kann zuhören und doch nichts hören. Das geschieht dort, wo Abwehrreflexe den Ton bestimmen: Schuldzuweisungen, Mauern, Machtspiele. In solchen Kulturen werden schlechte Nachrichten ungern nach oben gemeldet. Und wenn doch, werden sie kleingeredet, um keine Angriffsfläche zu bieten. Nach außen wirkt das souverän. In Wahrheit ist es ein strukturelles Zittern.

Cancel Culture legt solche Bruchstellen frei. Nicht der Fehler selbst entzündet den Sturm, sondern der Verdacht, er werde versteckt. Nichts beschleunigt Empörung so zuverlässig wie das Gefühl, hingehalten oder getäuscht zu werden. Der Skandal entsteht selten im Moment des Fehltritts. Er entsteht im Moment des Verschweigens.

Ein Gegenbild lieferte das Universitätsklinikum Düsseldorf im September 2020, als ein Cyberangriff zentrale Systeme lahmlegte und auch die Notfallversorgung massiv beeinträchtigte. Die Klinik hätte den Vorfall kommunikativ auf eine technische Störung verengen können. Tatsächlich wurde der Angriff jedoch unter Einbindung von Behörden öffentlich eingeordnet und als schwerwiegender IT-Sicherheitsvorfall behandelt. Diese Offenheit löste die Krise nicht auf, machte aber sichtbar, dass der Vorfall nicht beschönigt, sondern als reales Risiko anerkannt wurde (vgl. BSI 2020a, b).

Das Negativbeispiel ist bekannt. Wirecard klammerte sich an Dementis, als die Bilanzen längst wackelten. Volkswagen versuchte, den Dieselskandal mit technischen Details einzufangen, und zahlte am Ende für das systematische Wegducken. In beiden Fällen war nicht der Fehler der Punkt ohne Rückkehr. Es war der Versuch, ihn zu verdecken.

Fehlerfreundlichkeit bedeutet nicht, jede Nachlässigkeit zu dulden. Sie bedeutet, dass Menschen Fehler melden können, ohne Angst vor Sanktionen. Dass Kritik als Ressource gilt, nicht als Angriff. Dass Fragen gestellt werden dürfen, ohne sofort Karriererisiken auszulösen. Eine solche Kultur lässt sich nicht per Leitsatz verordnen. Sie entsteht durch Vorbilder. Führungskräfte, die eigene Irrtümer sichtbar machen, verändern mehr als jede Kampagne.

Psychologisch ist das unspektakulär. Menschen spüren, ob jemand ehrlich ist. Sie hören das Zögern. Sie bemerken die Lücke zwischen Worten und Handeln. Vertuschung ist laut. Transparenz wirkt entlastend, selbst wenn sie schmerzt. Ein Satz wie „Ja, hier ist etwas schiefgegangen, und wir arbeiten daran" nimmt Empörung oft das Gift. Empörungswellen lieben nicht den Fehler. Sie lieben die Enthüllung des Verschweigens.

Cancel Culture verschärft diese Dynamik. Digitale Öffentlichkeit leuchtet jede Lücke aus. Kommentarspalten setzen Puzzleteile zusammen, oft schneller, als Organisationen reagieren können. Wer hier eine Kultur der Offenheit etabliert hat, ist nicht machtlos. Er hat einen Vorsprung. Glaubwürdigkeit entsteht nicht im Sturm, sondern im Alltag. Wer in ruhigen Zeiten transparent spricht, wird unter Druck eher gehört.

Das gilt auch intern. Fehlerfreundlichkeit erleichtert Lernen, weil Probleme nicht verschwinden, sondern sichtbar werden. Sie ermöglicht Innovation, weil Experimente zulässig sind. Und sie erleichtert Krisenkommunikation, weil niemand erstarrt, wenn etwas schiefgeht. Die Außenwirkung spiegelt wider, was innen gelebt wird.

Eine offene Kultur erzeugt nach außen etwas, das sich nicht inszenieren lässt: Vertrauen. Wer erlebt, dass eine Organisation ehrlich mit ihren Schwächen umgeht, glaubt ihr eher, wenn sie im Sturm Haltung zeigt. Genau hier beginnt der nächste Schritt. Offenheit schafft Lernfähigkeit. Nur wer Fehler benennen kann, kann aus ihnen Lehren ziehen.

5.3 Lernen aus Vorfällen

Resilienz ist kein Zustand, den man erreicht und dann abhakt. Sie entsteht im Nachgang. Oft dann, wenn die Aufmerksamkeit bereits weitergezogen ist und die Erleichterung darüber, dass der Sturm vorbei ist, größer wirkt als der Wille zur Auswertung. Genau hier entscheidet sich, ob eine Organisation beim nächsten Mal handlungsfähiger ist oder erneut überrascht wird.

Nach einer Empörungswelle bleibt selten Zeit für Selbstzufriedenheit. Doch genau diese Phase wird häufig übersprungen. Die Timeline beruhigt sich, Anfragen werden weniger, intern will man zur Tagesordnung übergehen. Lernen braucht dagegen Disziplin. Nicht laut, nicht öffentlichkeitswirksam, aber konsequent.

In der IT-Sicherheit ist dieser Gedanke selbstverständlich. Nach Vorfällen werden Abläufe rekonstruiert, Annahmen überprüft, Schwachstellen benannt. Kommunikation kann sich daran orientieren, ohne technisch oder kalt zu werden. Entscheidend ist nicht das Format, sondern die Haltung dahinter.

Eine tragfähige Nachbereitung beginnt mit der ehrlichen Rekonstruktion. Was geschah wann, auf welchem Kanal, mit welcher Dynamik? Danach folgt die unbequemere Frage, was die Welle beschleunigt hat und was sie möglicherweise hätte bremsen können. Nicht zur Schuldzuweisung, sondern zur Klarheit. Erst im dritten Schritt geht es um Entscheidungen. Warum wurde etwas gesagt? Warum wurde anderes nicht gesagt? Und wo hat Vorsicht mehr geschadet als geschützt?

Öffentliches Lernen zeigt sich dort, wo Organisationen nach einem Vorfall sichtbar Konsequenzen ziehen. Nicht in der Form eines Schuldeingeständnisses, sondern durch nachvollziehbare Verbesserungen. Wenn erklärt wird, welche Kontrollen versagt haben, was verändert wurde und warum das relevant ist, verschiebt sich Wahrnehmung. Weg vom reinen Skandal. Hin zur Frage, ob etwas daraus folgt.

Dazu gehört auch der Blick von außen. Medienberichte, kritische Stimmen, Hinweise aus Communitys oder von Stakeholdern erweitern die eigene Perspektive. Wer nur die interne Deutung gelten lässt, lernt wenig. Externe Impulse, etwa durch Beiräte oder Ombudsstellen, helfen, Betriebsblindheit zu vermeiden.

Lernen endet nicht im Protokoll. Es gehört zurück in die Organisation. In Trainings, Krisenübungen, aktualisierten Zuständigkeiten. In klare Verantwortlichkeiten mit Terminen. Sonst bleibt Erkenntnis folgenlos. Fortschritt zeigt sich nicht an Reichweiten oder Imagewerten, sondern daran, ob beim nächsten Vorfall schneller entschieden, klarer gesprochen und weniger defensiv reagiert wird.

All das funktioniert nur in einer Kultur, die Lernen zulässt. Wer Nachbereitung als Suche nach Schuldigen betreibt, verhindert Offenheit. Schutz von Mitarbeitenden, sachliche Analyse und die Bereitschaft, eigenes Handeln zu hinterfragen, sind keine Schwäche. Sie sind die Voraussetzung dafür, dass jemand rechtzeitig warnt, bevor aus einem Hinweis ein Sturm wird.

Am Ende greift dieses Kapitel auf die vorherigen zurück. Monitoring ohne Offenheit bleibt taub. Offenheit ohne Lernen bleibt folgenlos. Resilienz entsteht dort, wo Zuhören, Haltung und Konsequenz zusammenkommen. Unverwundbar wird man dadurch nicht. Aber man bleibt handlungsfähig. Und das ist in Zeiten digitaler Empörung oft entscheidend.

Grenzen der Kommunikationsmacht – Nicht jede Welle ist steuerbar

6

6.1 Wenn kein Statement mehr hilft – akzeptieren und aushalten

Es gibt Situationen, in denen Kommunikation ihre steuernde Kraft verliert. Keine Pressemitteilung, kein Interview, kein erklärender Satz kann dann noch etwas beruhigen oder einfangen. Die Empörung hat sich verselbstständigt. Sie folgt nicht mehr Argumenten, sondern Deutungen. Nicht mehr Fragen, sondern Urteilen.

Wer in solchen Momenten kommuniziert, steht vor einem Dilemma. Schweigen wirkt wie ein Schuldeingeständnis. Sprechen wie zusätzliche Provokation. Jede Äußerung scheint das bestehende Bild zu bestätigen, ganz gleich, was tatsächlich gesagt wird. Kommunikation verliert ihre Funktion als Vermittlung und wird Teil eines Resonanzraums, der längst entschieden hat.

Diese Lagen entstehen nicht zufällig. Sie entwickeln sich dort, wo Misstrauen die Wahrnehmung prägt und wo Öffentlichkeit nicht mehr zuhört, sondern liest. Aussagen werden nicht geprüft, sondern eingeordnet. Nicht nach ihrem Inhalt, sondern nach ihrer Anschlussfähigkeit an ein bereits bestehendes Narrativ. In solchen Phasen kann Differenzierung wie Ausweichen wirken. Ironie wie Zynismus. Selbst Empathie wie Berechnung.

Psychologisch ist das nachvollziehbar. Wo die Deutung feststeht, wird jede neue Information zur Bestätigung gelesen. Kommunikation wird nicht mehr als Angebot verstanden, sondern als Beleg. Das erklärt, warum gut gemeinte Erklärungen Empörung manchmal nicht dämpfen, sondern verschärfen. Sie liefern weiteres Material für eine Dynamik, die sich selbst trägt.

D. Caroppo, *Die Empörungsfalle – Kommunikation in Zeiten von Cancel Culture*, essentials, https://doi.org/10.1007/978-3-658-51963-6_6

Für Kommunikationsverantwortliche ist das schwer auszuhalten. Der Impuls, etwas zu sagen, ist tief verankert. In vielen Organisationen gilt Sprechen als Handeln und Schweigen als Kontrollverlust. Doch genau hier liegt eine Grenze professioneller Steuerung. Es gibt Momente, in denen Reden nicht klärt, sondern verstärkt. In denen jede Reaktion das Rauschen erhöht.

Bewusstes Abwarten ist in solchen Situationen keine Kapitulation. Es ist eine Entscheidung. Sie verlangt Vorbereitung, Monitoring und innere Klarheit. Nur wer den öffentlichen Puls kennt, kann einschätzen, ob eine Botschaft noch trägt oder lediglich als weiteres Signal im Lärm untergeht. Abwarten heißt nicht, Verantwortung abzugeben. Es heißt, den richtigen Zeitpunkt nicht zu zerstören.

Diese Haltung widerspricht der Logik digitaler Öffentlichkeit. Dort zählt Tempo. Hier zählt Timing. Führung zeigt sich dann nicht in der Zahl der Statements, sondern in der Fähigkeit, einen Satz nicht zu sagen, solange er nichts bewirken kann.

Kommunikation hat Grenzen. Sie zu erkennen, gehört zur Professionalität. Wer diese Grenzen ignoriert, verliert nicht nur Einfluss, sondern auch Glaubwürdigkeit. Wer sie respektiert, behält zumindest eines: die Möglichkeit, wieder gehört zu werden, wenn der Raum dafür zurückkehrt.

6.2 Risiken der Übersteuerung – wenn Gegenkommunikation selbst zum Skandal wird

Nicht jede Krise eskaliert, weil zu wenig gesagt wird. Manche eskalieren, weil zu viel gesagt wurde. Weil jede Korrektur, jedes weitere Statement, jedes juristische Schreiben eine neue Runde der Erregung auslöst. Der Versuch, Kontrolle zurückzugewinnen, endet dann im Gegenteil: maximale Sichtbarkeit bei schwindender Glaubwürdigkeit.

Ein bekanntes Muster ist der Versuch, Kritik mit rechtlichen Mitteln einzudämmen. In der Mediengeschichte gibt es mehrere Fälle, in denen Unterlassungsforderungen oder Klagedrohungen nicht zur Beruhigung, sondern zur Eskalation geführt haben. Nicht das ursprüngliche Thema wurde dann zur Nachricht, sondern der Versuch, Berichterstattung zu verhindern. Öffentlichkeit reagiert auf solche Signale sensibel. Was als Schutz gedacht ist, wird als Machtdemonstration gelesen.

Der Effekt ist fast immer derselbe. Je stärker der Eindruck entsteht, Deutungshoheit erzwingen zu wollen, desto schneller geht sie verloren. Nicht, weil alle Vorwürfe berechtigt wären. Sondern weil Übersteuerung Nervosität signalisiert. Und Nervosität untergräbt Vertrauen.

Kommunikativ zeigt sich hier ein zentrales Missverständnis. Aktivität wird mit Wirksamkeit verwechselt. Jede Gegenrede gilt als Stärke. Jede Richtigstellung als Pflicht. Doch in hoch aufgeladenen Lagen kehrt sich diese Logik um. Wer auf jeden Kommentar reagiert, wirkt nicht transparent, sondern getrieben. Wer jedes Detail richtigstellen will, verstärkt die Aufmerksamkeit genau dort, wo sie eigentlich versanden könnte.

Klassische Krisenlogik greift hier zu kurz. Präsenz, Tempo und Aktivität sind nicht automatisch hilfreich. Empörungsdynamiken funktionieren nicht linear. Sie ähneln weniger einem Sturm mit Zentrum als einem Schwarm aus vielen Einzelreaktionen. Wer laut hineinspricht, wird Teil dieser Bewegung. Nicht ihr Korrektiv.

Die eigentliche Kompetenz liegt deshalb in der Unterscheidung. Wann ist eine Erklärung notwendig, weil sie Orientierung schafft? Und wann ist Schweigen klüger, weil das Publikum nicht mehr offen ist, sondern bereits entschieden hat? Diese Entscheidung lässt sich nicht automatisieren. Sie verlangt Erfahrung, Ruhe und eine klare Linie darüber, was beantwortet werden soll und was bewusst nicht.

Hier zeigt sich ein Gedanke aus dem Anhang besonders deutlich: Nicht jede Attacke verlangt eine Antwort. Aber jede Antwort setzt einen Maßstab. Wer diesen Maßstab im Affekt senkt, zahlt später einen höheren Preis.

Übersteuerung ist selten böser Wille. Sie entsteht aus dem Wunsch, handlungsfähig zu bleiben. Doch Aktionismus erzeugt oft nur eine Handlungsillusion. Sichtbar ist viel, wirksam wenig. Wirkliche Souveränität zeigt sich dort, wo eine Organisation aushält, nicht alles zu kommentieren, und damit verhindert, selbst zum Motor der nächsten Eskalationsstufe zu werden.

Am Ende bleibt eine nüchterne Erkenntnis. Gegenkommunikation ist kein Beweis von Stärke. Manchmal ist sie ihr Gegenteil. Stärke zeigt sich dann nicht im letzten Wort, sondern in der Entscheidung, es nicht zu erzwingen.

6.3 Langfristige Reputationsarbeit als beste Vorsorge

Empörungswellen lassen sich nicht verhindern. Aber man kann beeinflussen, wie stark sie treffen. Reputation entsteht nicht zufällig. Sie wächst über Zeit. Durch Sprache, die wiedererkennbar ist. Durch Entscheidungen, die nicht jedes Mal neu erklärt werden müssen. Und durch eine Haltung, die nicht erst im Ernstfall sichtbar wird.

Wer über Jahre glaubwürdig kommuniziert, baut ein kommunikatives Polster auf. Es ist kein Schutzschild, aber oft ein Vertrauensvorschuss, der in angespannten Situationen mit darüber entscheidet, ob eine Organisation vor allem als erklärungsbedürftig oder zunächst einmal als grundsätzlich verlässlich wahrgenommen wird (vgl. Renn 2022). Bei Unternehmen wie dm wird in öffentlichen Wahrnehmungen und Markenstudien immer wieder genau dieser Eindruck beschrieben. Die Kommunikation gilt vielen als ruhig, partnerschaftlich und wenig defensiv; Probleme oder Rückrufe erscheinen deshalb eher als Abweichung vom Gewohnten denn als Bestätigung eines lange gehegten Verdachts (vgl. dm 2024, 2025). Ähnliches lässt sich für Marken wie Bosch sagen, die in Vertrauensrankings regelmäßig stark abschneiden und deshalb von einem Vorschuss profitieren, der Krisen nicht verhindert, Reaktionen auf sie aber mitprägt (vgl. Bosch 2024). Bei Marken wie Vaude ist der Zusammenhang vorsichtiger zu formulieren: Dort ist weniger ein allgemeiner Vertrauensvorschuss belegt als eine über Jahre gepflegte Kommunikation, die sich sichtbar um Transparenz und Glaubwürdigkeit in Nachhaltigkeitsfragen bemüht (vgl. Vaude 2024).

Langfristige Reputationsarbeit beginnt deshalb nicht mit Krisenplänen, sondern im Alltag. In Interviews, die nicht glattgebügelt sind. In Social-Posts, die nicht nur Erfolge zeigen. In internen Debatten, die Widerspruch zulassen. Ein offenes Wort über Grenzen oder Zielkonflikte wirkt oft nachhaltiger als jede Kampagne. Glaubwürdigkeit entsteht nicht aus Perfektion, sondern aus erkennbarer Menschlichkeit.

Organisationen, die Widersprüche nicht verstecken, sondern benennen, werden im Konflikt weniger hart gelesen. Wer dagegen jahrelang nur reibungslose Bilder produziert, fällt im Moment des Bruchs tiefer. Cancel Culture konfrontiert genau mit dieser Fallhöhe. Sie entlarvt die Illusion vollständiger Steuerbarkeit und zwingt dazu, Grenzen anzuerkennen. Nicht als Niederlage, sondern als Reifeprozess.

Kein Presseteam, keine Agentur und kein KI-Tool können verhindern, dass sich Empörung entlädt. Aber sie können beeinflussen, wie man danach dasteht. Haltung wird hier zur Leitplanke. Die Bereitschaft, Kontrollverlust als Teil öffentlicher Kommunikation zu akzeptieren, verändert den Ton. Wer das tut, kommuniziert gelassener. Weniger panisch. Und oft überzeugender.

Grenzen zu kennen heißt nicht, sprachlos zu werden. Es heißt, bewusster zu wählen, wann gesprochen wird und wann nicht. Nach Monitoring, Offenheit und Lernen folgt Realismus. Kommunikation kann viel bewegen. Aber sie kann nicht alles steuern. Manchmal ist Stärke das, was bleibt, wenn man loslässt.

6.4 Cancel Culture in Zeiten von KI

Cancel Culture ist älter als jede Maschine. Sie entsteht nicht aus Algorithmen, sondern aus moralischer Verletzung, aus dem Gefühl, dass etwas nicht stimmt und jemand dafür Verantwortung tragen soll. Daran hat KI nichts geändert. Was sie verändert, ist das Tempo. Und die Form, in der Urteile entstehen.

Wo früher Diskussionen begannen, stehen heute oft fertige Formulierungen bereit. Nicht, weil jemand sie sich mühsam erarbeitet hat, sondern weil Systeme sie vorschlagen. Passend im Ton. Sicher in der Haltung. Anschlussfähig an das, was bereits gesagt wurde. Die Maschine liefert Sprache, bevor Unsicherheit überhaupt sichtbar werden darf.

In der Praxis zeigt sich das leise, aber folgenreich. Es braucht keinen empörten Menschen mehr, um Dynamik zu erzeugen. Eine automatische Empfehlung reicht. Eine Zusammenfassung ähnlicher Fälle. Ein Satz, der klingt, als hätte ihn jemand mit Überzeugung formuliert. Die Wirkung entsteht nicht aus Wut, sondern aus Wiederholung. Empörung wirkt plötzlich organisiert, obwohl niemand sie organisiert hat.

Das verändert den Charakter öffentlicher Auseinandersetzung. Cancel Culture in Zeiten von KI fühlt sich weniger wie Konflikt an und mehr wie Vorwegnahme. Die Abkürzung liegt bereit. Der entschlossene Satz klingt souveräner als das eigene Zögern. Und genau dort beginnt das Problem. Denn was schnell gesagt ist, ist selten gemeint.

Unternehmen reagieren darauf mit einem bekannten Reflex. Löschen. Beschleunigen. Ein Statement veröffentlichen, das möglichst nichts angreifbar macht. KI hilft dabei. Sie liefert Texte, die korrekt klingen, empathisch wirken und niemanden direkt verletzen. Doch diese Texte tragen selten. Sie erzeugen Aktivität, aber keine Wirkung. Eine klassische Handlungsillusion.

Die Maschine liefert Entrüstung ohne Emotion. Der Mensch liefert das moralische Bedürfnis ohne Geduld. Zusammen entsteht eine Sprache, die nach Haltung aussieht, aber Verantwortung auslagert. Nicht formal, sondern sprachlich. Niemand muss mehr selbst entscheiden, wie er klingt. Das System übernimmt.

Auffällig ist, was dabei verloren geht. Niemand weiß mehr, wo der Ton gesetzt wurde. Wer den ersten Satz formuliert hat. Ob er aus Überzeugung kam oder aus einem Modell. Verantwortung verflüchtigt sich. Der Text läuft weiter, als wäre er menschlich, hat aber keine Biografie. Keine Fallhöhe. Keine Bereitschaft, für ihn einzustehen.

Hier liegt die eigentliche Gefahr. Nicht in der Technik, sondern in der Delegation. KI wird zur moralischen Assistenz. Schreib mir etwas, das nach Verantwortungsübernahme klingt. Schreib mir etwas, das Empathie simuliert. Schreib mir etwas, das niemanden verletzt. Was herauskommt, ist formal belastbar. Und genau deshalb oft leer.

Vielleicht braucht es in Zukunft weniger perfekte Sätze und mehr sichtbares Ringen. Sprache, die Unsicherheit zulässt. Sätze, die noch nicht abgeschlossen wirken. Cancel Culture lebt von Eindeutigkeit. KI liefert sie zuverlässig. Menschliche Kommunikation beginnt dort, wo Eindeutigkeit fehlt.

Wer Verantwortung zurückholen will, muss sich diesem Komfort verweigern. Pausen zulassen. Fehler stehen lassen. Nicht jede Lage beantworten, nur weil eine Antwort verfügbar ist. Die Anker dafür sind bekannt. Nicht jede Attacke verlangt eine Antwort. Hohe Aktivität ersetzt keine Entscheidung. Schutztexte klingen korrekt und sagen nichts.

Cancel Culture in Zeiten von KI ist kein Schreckensbild. Sie ist ein Warnsignal. Sie zeigt, wie schnell Verantwortung verschwindet, wenn Sprache ausgelagert wird. Nicht, weil Maschinen sie nehmen. Sondern weil Menschen sie abgeben.

Was dagegen hilft, ist radikal unspektakulär. Sätze, die man auch morgen noch vertreten würde. Pausen, die nicht sofort gefüllt werden. Und der Mut, wieder wie jemand zu sprechen, der etwas riskiert, wenn er spricht.

7 Nach dem Sturm

Am Ende bleibt immer das Gleiche. Menschen, die miteinander reden. Hinter jeder Empörungswelle, jedem Hashtag, jedem Shitstorm stehen Gesichter, Stimmen, Unsicherheiten. Genau deshalb darf Kommunikation nie nur als Strategie verstanden werden. Sie ist Beziehung. Auch dann, wenn sie scheitert.

Cancel Culture zeigt, wie verletzlich Öffentlichkeit geworden ist. Wie schnell Worte entgleiten, Bedeutungen kippen, Haltungen missverstanden werden. Und doch zeigt sie auch, dass Kommunikation mehr ist als Reaktion. Sie ist die Kunst, im Lärm noch Menschlichkeit zu bewahren. Nicht, um gemocht zu werden. Sondern um ansprechbar zu bleiben.

Viele Organisationen versuchen, Empörung zu vermeiden. Die Klügeren versuchen, sie zu verstehen. Sie begreifen Kritik nicht als Feind, sondern als Signal. Wer dieses Signal lesen kann, erkennt im Sturm auch das, was bleibt. Vertrauen, das sich nicht simulieren lässt.

Vielleicht liegt die wichtigste Lektion in einer bestimmten Art Gelassenheit. In dem Wissen, dass Kontrolle eine Illusion ist und Sprache trotzdem wirkt. Dass Glaubwürdigkeit nicht im perfekten Satz entsteht, sondern im Mut, ihn auszusprechen. Und dass Kommunikation am Ende nicht darüber entscheidet, wer recht hat. Sondern wer erreichbar bleibt.

Die Grenzen der Kommunikationsmacht sind keine Schwäche. Sie sind ein Raum, in dem Vertrauen entstehen kann. Dort, wo nicht jedes Wort kalkuliert wird. Wo manches einfach gemeint ist. Wer diese Grenze akzeptiert, verliert keine Kontrolle. Er gewinnt Haltung.

D. Caroppo, *Die Empörungsfalle – Kommunikation in Zeiten von Cancel Culture*, essentials, https://doi.org/10.1007/978-3-658-51963-6_7

So schließt sich der Kreis. Von der Empörung zur Reflexion. Von der Reaktion zur Resonanz. Kommunikation ist keine Waffe. Sie ist eine Brücke. Und wer sie mit Bedacht baut, wird auch im Sturm nicht untergehen. Nicht unversehrt. Aber aufrecht.

7.1 Zehn Leitsätze für Kommunikation unter Empörungsdruck

Was in zugespitzten öffentlichen Lagen trägt, lässt sich nicht vollständig in Regeln übersetzen, weil jede Krise ihren eigenen Ton, ihre eigene Dynamik und ihre eigenen blinden Flecken mitbringt. Trotzdem zeigen sich in sehr unterschiedlichen Fällen wiederkehrende Muster. Manche Fehler kehren so zuverlässig zurück, dass man sie fast schon erwarten kann, und manche Reaktionen wirken nicht deshalb glaubwürdig, weil sie perfekt formuliert wären, sondern weil in ihnen Haltung, Klarheit und erkennbare Verantwortung spürbar werden.

Die folgenden Leitsätze sind deshalb nicht als starres Regelwerk gedacht. Sie sollen keine Empörung mit ein paar Handgriffen entschärfen, als ließe sich Öffentlichkeit wie ein technisches Problem behandeln. Eher sind sie ein Versuch, in unübersichtlichen Situationen Orientierung zu geben, also dort, wo Deutung in Echtzeit entsteht, Sprache auf ihre Glaubwürdigkeit geprüft wird und viele Organisationen merken, dass ihnen Formulierungen plötzlich nicht mehr helfen, wenn dahinter kein erkennbarer innerer Kern steht.

Erstens: Wer spricht, sollte wissen, warum er spricht.
Unter öffentlichem Druck entsteht Kommunikation oft nicht aus Klärung, sondern aus Nervosität. Man will nicht zu spät sein, nicht passiv wirken, nicht den Eindruck erzeugen, man habe nichts verstanden oder wolle sich entziehen. Genau deshalb beginnt gute Krisenkommunikation nicht mit dem Satz, sondern mit der Frage nach seinem Grund. Soll Orientierung gegeben, Verantwortung übernommen, ein Fehler erklärt, ein Vorwurf eingeordnet oder schlicht Handlungsfähigkeit gezeigt werden. Wer das für sich nicht sauber beantworten kann, produziert leicht Kommunikation, die zwar schnell draußen ist, aber keinen inneren Schwerpunkt hat. Das merkt man Texten oft schneller an, als denen lieb ist, die sie freigegeben haben.

Zweitens: Nicht jede Empörung muss beantwortet werden. Aber jede Antwort entscheidet mit, wie weiter gestritten wird.
Öffentliche Aufregung erzeugt leicht den Reflex, dass nun auf jeden Fall etwas gesagt werden müsse. Das stimmt nur bedingt. Es gibt Situationen, in denen eine Re-

aktion notwendig ist, weil Schweigen wie Ignoranz oder Abwehr gelesen würde. Es gibt aber ebenso Lagen, in denen eine vorschnelle Antwort den Konflikt nicht beruhigt, sondern erst richtig auflädt, weil sie ihm zusätzlich Reichweite, Form oder Gegnerschaft gibt. Wer antwortet, greift immer schon in die weitere Dramaturgie eines Streits ein. Genau deshalb ist die Frage nicht nur, ob man reagiert, sondern auch, in welcher Form, mit welchem Ziel und in welchem Takt.

Drittens: Schweigen ist kein Versäumnis, wenn es bewusst gewählt ist. Unbewusstes Schweigen dagegen wird fast immer gedeutet.
Schweigen ist in Krisen nie leer. Es wird gelesen, und zwar selten wohlwollend. Je nach Lage erscheint es als Überforderung, als Taktik, als Arroganz, als stilles Eingeständnis oder als Zeichen dafür, dass intern niemand den Mut hat, eine Position zu vertreten. Darin liegt das eigentliche Problem nicht. Problematisch wird Schweigen erst dann, wenn es gar nicht entschieden, sondern bloß passiert ist. Wer sich bewusst dafür entscheidet, zunächst nicht öffentlich zu reagieren, braucht dafür eine innere Begründung und oft auch eine Form von äußerer Rahmung, damit aus dem Schweigen nicht automatisch ein Fremdtext wird, den andere mit ihren Zuschreibungen füllen.

Viertens: Geschwindigkeit ersetzt keine Haltung. Sie macht nur früher sichtbar, ob es diese Haltung überhaupt gibt.
Viele Organisationen glauben in Krisen, ihr eigentliches Problem sei die knappe Zeit. Tatsächlich zeigt Zeitdruck häufig nur schonungslos, was vorher ungeklärt geblieben ist. Wenn intern nicht klar ist, wofür man steht, was man im Zweifel verteidigt und welche Grenze man nicht überschreiten will, dann lässt sich das auch mit der schnellsten Freigabe nicht glaubwürdig überspielen. Schnelligkeit hilft in solchen Momenten nicht weiter, sie nimmt nur die Schutzschicht weg, hinter der Unklarheit im Alltag oft noch verborgen bleibt. Umgekehrt kann eine erkennbare Haltung selbst dann tragen, wenn noch nicht alles geklärt ist, weil Menschen spüren, dass da jemand nicht bloß reagiert, sondern aus einer inneren Linie heraus spricht.

Fünftens: Erklärungen wirken nur dort, wo noch zugehört wird. Wo Urteile bereits feststehen, verstärken sie oft das Misstrauen.
Das ist einer der unangenehmsten Punkte in der Praxis, weil er dem professionellen Selbstverständnis vieler Kommunikationsabteilungen widerspricht. Dort herrscht oft die Hoffnung, dass mehr Kontext, mehr Differenzierung und mehr Einordnung automatisch zu mehr Verständnis führen müssten. Manchmal stimmt das. Es gibt Lagen, in denen das Fenster für Erklärung noch offen ist und Menschen tatsächlich

wissen wollen, was passiert ist, welche Zwischenschritte es gab und wie eine Organisation zu ihrer Entscheidung kommt. Es gibt aber auch Momente, in denen die moralische Entscheidung öffentlich bereits gefallen ist. Dann wirken zusätzliche Erklärungen schnell wie Ausflucht, Relativierung oder taktische Selbstentlastung. Wer das nicht erkennt, spricht nicht nur ins Leere, sondern verschärft unter Umständen genau das Misstrauen, das eigentlich abgebaut werden sollte.

Sechstens: Juristische Korrektheit schützt nicht vor moralischer Lesart. Öffentlichkeit prüft Haltung, nicht Fußnoten.
Natürlich muss Kommunikation rechtlich sauber sein, vor allem in heiklen Fällen, in denen Haftungsfragen, Persönlichkeitsrechte oder laufende Verfahren eine Rolle spielen. Nur folgt öffentliche Wahrnehmung eben nicht denselben Regeln wie eine juristische Prüfung. Während Anwältinnen und Anwälte nach Absicherung, Präzision und Angriffsresistenz fragen, fragt Öffentlichkeit oft nach etwas anderem, nämlich danach, ob Verantwortung übernommen wird, ob der Ton stimmt und ob eine Haltung erkennbar ist. Ein Satz kann formal unangreifbar sein und trotzdem kalt, ausweichend oder taktisch wirken. Genau deshalb scheitern viele Stellungnahmen nicht an ihrem Inhalt, sondern an ihrer Temperatur. Sie sind korrekt, aber sie klingen, als wolle sich jemand vor allem selbst schützen.

Siebtens: Empathie entsteht nicht durch Worte allein. Glaubwürdig wird sie erst dann, wenn erkennbar etwas daraus folgt.
Fast jede Organisation kennt die Formeln des Mitgefühls. Man bedauert, nimmt sehr ernst, versteht die Sorgen und befindet sich im Austausch. Das Problem liegt selten darin, dass diese Sätze sprachlich misslungen wären. Das Problem liegt darin, dass Menschen inzwischen sehr genau hören, ob solche Worte nur den Ton weich machen sollen oder ob aus ihnen tatsächlich eine Konsequenz folgt. Empathie bleibt Behauptung, solange sie nicht in einer Entscheidung, einem Verzicht, einer Priorität oder einem sichtbaren Schritt eingelöst wird. Ein Satz kann Nähe andeuten, aber Vertrauen entsteht erst dort, wo jemand bereit ist, für diese Nähe auch etwas zu riskieren oder zu verändern.

Achtens: Vertrauen entsteht vor der Krise. In der Krise zeigt sich nur, ob davon etwas da ist oder ob es in wenigen Tagen verspielt wird.
Diese Einsicht ist vielleicht die ernüchterndste und zugleich die wichtigste. Viele Organisationen hoffen, sie könnten fehlendes Vertrauen im Ernstfall noch schnell nachproduzieren, wenn sie nur die richtige Agentur, die richtige Dramaturgie oder

die richtige Tonlage finden. Genau das gelingt fast nie. Vertrauen entsteht langsam, oft unspektakulär und lange bevor eine Krise sichtbar wird, nämlich durch Wiedererkennbarkeit, Verlässlichkeit, sprachliche Konsistenz und den Eindruck, dass Worte und Handlungen über längere Zeit zusammenpassen. In der Krise wird dieses Vertrauen nicht geschaffen, sondern abgerufen. Wenn es nicht da ist, tritt diese Leerstelle plötzlich offen zutage. Wenn es da ist, bedeutet das keine Immunität, aber oft einen Unterschied in der ersten Reaktion. Menschen prüfen dann nicht nur den Fehler, sondern auch die Frage, von wem er kommt.

Neuntens: KI kann Sprache liefern, aber keine Verantwortung tragen. Wer Haltung delegiert, verliert sie.
Künstliche Intelligenz kann in der Kommunikationsarbeit hilfreich sein. Sie kann sortieren, Varianten erzeugen, Verdichtungen anbieten und unter Zeitdruck erste Entwürfe liefern, die nützlich sind. Das Problem beginnt an der Stelle, an der Organisationen glauben, sie könnten nicht nur Formulierungen, sondern auch Haltung auslagern. Genau das funktioniert nicht. In Krisen zählt nicht nur, wie etwas klingt, sondern ob man spürt, dass hinter einem Satz jemand steht, der Verantwortung übernimmt und den Preis seines Sprechens kennt. Eine Maschine kann Sprache glätten, strukturieren und beschleunigen. Sie kann aber nicht für die Folgen einstehen. Wer diese Grenze aus dem Blick verliert, riskiert Texte, die formal funktionieren und trotzdem genau dort versagen, wo Öffentlichkeit nach Echtheit, Richtung und Verantwortungsfähigkeit sucht.

Zehntens: Kommunikation endet nicht mit dem Statement. Sie endet mit dem Eindruck, der bleibt, wenn alles gesagt worden ist.
Viele Organisationen behandeln das veröffentlichte Statement noch immer wie einen Schlusspunkt. Tatsächlich beginnt an dieser Stelle oft erst die eigentliche Wirkung. Entscheidend ist nicht allein, was in der Mitteilung stand oder wie präzise ein Satz formuliert war, sondern welcher Eindruck sich festsetzt, wenn Menschen später auf den Vorgang zurückblicken. War da Klarheit oder Ausweichen. War da jemand erkennbar, der Verantwortung übernehmen wollte, oder nur ein Apparat, der sich durch einen Text hindurchretten wollte. War spürbar, wofür eine Organisation steht, oder blieb nur die Erinnerung an eine gut gemeinte, aber folgenlose Formulierung zurück. Am Ende wird Kommunikation nicht an ihrer Absicht gemessen, sondern an dem, was von ihr im Gedächtnis bleibt.

Diese Leitsätze ersetzen keine Analyse des Einzelfalls und nehmen niemandem die Entscheidung ab, was in einer konkreten Lage richtig ist. Sie können aber dabei helfen, unter Druck nicht sofort jede Orientierung zu verlieren. Genau darin liegt ihr Wert. Nicht als starres Raster und schon gar nicht als Garantie für gelingende Kommunikation, sondern als Erinnerung daran, dass auch in aufgeheizten öffentlichen Momenten mehr möglich ist als bloße Reaktion. Im besten Fall sorgt Kommunikation dann dafür, dass eine Lage nicht weiter entgleist und dass wieder erkennbar wird, worum es eigentlich geht.

Was Sie aus diesem *essential* mitnehmen können

- Ein kompaktes Verständnis dafür, wie digitale Empörungsdynamiken entstehen und warum sie sich heute schneller verbreiten als klassische Kommunikationskrisen.
- Psychologische und kommunikative Mechanismen, die erklären, warum sich öffentliche Debatten zuspitzen und warum selbst kleine Auslöser große Wellen erzeugen können.
- Konkrete Einblicke in typische Fehler unter Empörungsdruck und warum viele Krisen erst durch misslungene Kommunikation eskalieren.
- Orientierung dafür, was in den ersten Stunden einer Empörungswelle kommunikativ trägt und welche Reaktionen eine Krise oft noch verschärfen.
- Fallbeispiele und Analysen aus Medien, Organisationen und öffentlicher Kommunikation, die zeigen, wie Dynamiken der Cancel Culture entstehen und wie unterschiedlich damit umgegangen wird.
- Impulse für eine widerstandsfähige Kommunikationskultur, die Klarheit, Haltung und Deeskalation stärkt.
- Einen Überblick darüber, wie sich Empörungswellen durch soziale Medien, algorithmische Verstärkung und Künstliche Intelligenz verändern.

D. Caroppo, *Die Empörungsfalle – Kommunikation in Zeiten von Cancel Culture*, essentials, https://doi.org/10.1007/978-3-658-51963-6

Literatur

adidas AG (2022): adidas terminates partnership with Ye immediately. 25.10.2022.

Argyris, Chris; Schön, Donald A. (1996): Organizational Learning II. Reading, MA: Addison-Wesley.

BEA (2015a): Preliminary Report. Accident on 24 March 2015 to the Airbus A320-211 registered D-AIPX operated by Germanwings as flight GWI18G. 06.05.2015.

BEA (2016): Final Report. Accident on 24 March 2015 to the Airbus A320-211 registered D-AIPX operated by Germanwings as flight GWI18G. 13.03.2016.

Bennett, W. Lance; Livingston, Steven (2018): The disinformation order. European Journal of Communication.

Berliner Morgenpost (2018): Ab Freitag bittet die BVG um Entschuldigung. 19.07.2018.

BFU, Bundesstelle für Flugunfalluntersuchung (2016): Abschlussbericht Germanwings Flug 4U9525.

Boersenblatt (2022): Ravensburger stoppt Winnetou-Titel. 22.08.2022.

Bosch (2024): Bosch ist die vertrauenswürdigste Marke 2024 im Bereich Haushalts- und Küchengeräte. Presse-Information. 17.04.2024.

Bourdieu, Pierre (1991): Language and Symbolic Power. Cambridge: Polity Press.

Brady, William J.; Crockett, Molly; Van Bavel, Jay J. (2020): The MAD Model of Moral Contagion. Current Opinion in Psychology.

Brady, William J.; Wills, Julian A.; Jost, John T.; Tucker, Joshua A.; Van Bavel, Jay J. (2017): Emotion shapes the diffusion of moralized content. PNAS.

BSI (2020a): Cyber-Angriff auf Uniklinik Düsseldorf. BSI warnt vor akuter Ausnutzung bekannter Schwachstelle. 17.09.2020.

BSI, Bundesamt für Sicherheit in der Informationstechnik (2020b): Krisenmanagement und Kommunikation bei Sicherheitsvorfällen.

BSI, Bundesamt für Sicherheit in der Informationstechnik (2021): Vor genau einem Jahr. Cyberangriff auf die Uniklinik Düsseldorf. Newsletter Sicher Informiert. 09.09.2021.

Coombs, W. Timothy (2015): Ongoing Crisis Communication. 4. Aufl. Thousand Oaks, CA: Sage.

Coombs, W. Timothy; Holladay, Sherry J. (2012): The Handbook of Crisis Communication. Wiley-Blackwell.

D. Caroppo, *Die Empörungsfalle – Kommunikation in Zeiten von Cancel Culture*, essentials, https://doi.org/10.1007/978-3-658-51963-6

Couldry, Nick; Mejias, Ulises A. (2019): The Costs of Connection. Stanford: Stanford University Press.
Der Spiegel (2026): Leipziger Buchmesse. Maximilian Krah darf seinen Roman nicht vorstellen. 18.02.2026.
Deutschlandfunk Kultur (2020): Kabarettistin Lisa Eckhart. Auftritt abgesagt aus Sorge vor Protesten. 06.08.2020.
dpa (2026): Buchmesse sagt Romanvorstellung von AfD-Politiker Krah ab. 18.02.2026.
Edmondson, Amy C. (2019): The Fearless Organization. Wiley.
Floridi, Luciano (2014): The Fourth Revolution. Oxford: Oxford University Press.
Gillespie, Tarleton (2018): Custodians of the Internet. New Haven: Yale University Press.
Gillespie, Tarleton (2020): Content moderation, AI, and the limits of speech. Social Media + Society.
Haidt, Jonathan; Lukianoff, Greg (2018): The Coddling of the American Mind. New York: Penguin Press.
Harper's Magazine (2020): A Letter on Justice and Open Debate.
Heath, Robert L. (2010): The SAGE Handbook of Public Relations. Thousand Oaks, CA: Sage.
Kicker (2022): „Nicht akzeptabel": Rewe beendet Kooperation mit dem DFB. 22.11.2022.
Landgericht Leipzig (2023): Vorläufige Verfahrenseinstellung im Fall Gil Ofarim. 28.11.2023.
Lufthansa Group (2015): 4U9525. 24.03.2015.
Miller, Geoffrey (2019): Virtue Signaling. Cambridge, MA: MIT Press.
Ng, Eve (2020): Reflections on Cancel Culture. Television & New Media.
Ng, Eve (2022): Cancel Culture. A Critical Analysis. Cham: Palgrave Macmillan.
Reason, James (1997): Managing the Risks of Organizational Accidents. Aldershot: Ashgate.
Remake (2020): Introducing PayUp Fashion. Why the Future of Any Fashion Sustainability Efforts Must Be Worker-Centric. 13.10.2020.
Renn, Ortwin (2022): The role and significance of trust for successful institutional risk communication. Journal of Risk Research.
Reuters (2017a): Louis C.K. film release scrapped after sexual misconduct claims. 10.11.2017.
Reuters (2017b): Hollywood to Nollywood: Key moments in #MeToo's rise as a global movement. 15.10.2019.
Reuters (2017c): Comedian Louis C.K. admits sexual misconduct as Hollywood cuts ties. 10.11.2017.
Reuters (2020): Garment workers seen losing up to $5.8 bln in wages during coronavirus. 10.08.2020.
Reuters (2022): Adidas ends Ye deal over hate speech. 25.10.2022.
REWE Group (2022): Nach Infantino Aussagen und FIFA Entscheidung zu „One Love" Binde: REWE beendet Kooperation mit dem DFB. 22.11.2022.
RND (2021): Nach #allesdichtmachen-Video. Jan Josef Liefers kurzfristig in 3nach9-Talkshow zu Gast. 23.04.2021.
Romano, Aja (2019): Why we can't stop fighting about cancel culture. Vox. 30.12.2019.
Seeger, Matthew W.; Sellnow, Timothy L.; Ulmer, Robert R. (2018): Communication and Organizational Crisis. Santa Barbara, CA: Praeger.

Staatsanwaltschaft Leipzig (2022): Ermittlungen zu Vorfall in Leipziger Hotel Anfang Oktober 2021 abgeschlossen. 31.03.2022.

Suchman, Mark C. (1995): Managing legitimacy. Academy of Management Review.

Süddeutsche Zeitung (2020): Lisa Eckhart nicht beim Harbourfront-Literaturfestival. 06.08.2020.

taz (2021): Reaktionen auf #allesdichtmachen. Schauspieler in die Notaufnahme. 25.04.2021.

Thienemann Verlag (2024): Überarbeitete Neuausgaben von „Jim Knopf" erscheinen im Februar 2024. Pressemitteilung. 22.02.2024.

Übermedien (2021): Video-Aktion #allesdichtmachen gegen Corona-Maßnahmen. Was soll das? 23.04.2021.

Vogue (2020): This Hashtag Unlocked $15 Billion of Lost Wages Due to Cancelled Orders From Gap, Levi's, and Other Brands. 12.08.2020.

Vosoughi, Soroush; Roy, Deb; Aral, Sinan (2018): The spread of true and false news online. Science.

Weick, Karl E.; Sutcliffe, Kathleen M. (2015): Managing the Unexpected. Wiley.

Westra, Evan (2021): Virtue Signaling and Moral Progress. Philosophy and Phenomenological Research.

ZEIT (2021): Corona-Politik. Schauspieler sorgen mit der Aktion „Alles dicht machen" für Aufsehen. 23.04.2021.

ZEIT (2022): WM in Katar: Rewe beendet nach One-Love-Verbot Kooperation mit DFB. 22.11.2022.

Zuboff, Shoshana (2019): The Age of Surveillance Capitalism. New York: PublicAffairs.

FSC
www.fsc.org
MIX
Papier | Fördert gute Waldnutzung
FSC® C083411

Zeitfracht Medien GmbH
Ferdinand-Jühlke-Straße 7
99095 Erfurt, Deutschland
produktsicherheit@kolibri360.de